だいわ文庫

会社も役所も銀行もまともに教えてくれない

定年後ずっと困らないお金の話

頼藤太希

大和書房

はじめに ――「定年後の資産寿命」が不安なあなたに

日本人の平均寿命は男性81・64歳、女性87・74歳。60歳からの平均余命は男性24・21歳、女性29・46歳となっています。さらに、同じ年に生まれた人のちょうど半数が生きているという「寿命中位数」は、男性84・58歳、女性90・53歳です（厚生労働省「令和2年 簡易生命表の概況」より）。

つまり、男性の約半分は85歳、女性の約半分は90歳くらいまでは普通に生きる時代なのです。しかも、平均寿命や寿命中位数は年々延び続けています。**50代はまだまだ折り返し地点にすぎません。**今50歳の方が退職し、年金を受け取るころには、95歳、100歳と生きるのが普通になっているかもしれません。

本来長生きは喜ばしいことのはずですが、老後資金のことを考えるとリスクがあります。長生きすると、その分だけ定年後の生活費がたくさん必要になります。にもかかわらず、**年金だけで生活するにはお金が足りない**のが現実です。

「人生100年時代」といわれる今、**「60歳で定年退職して、あとはのんびり」などと考えているとしたら正直見通しが甘すぎます。**90歳まで生きるとして30年、100歳まで生きたら40年もの余生があるのです。この期間を乗り切るだけの老後資金、用意できていますか？

自信をもって「用意できている」と答えられる方はほぼいないでしょう。老後資金を貯めるためには、収入がなくてはなりません。ですから、まずはいつまで働き続けるのか、計画を立ててみましょう。働き続ければその分、貯めなければならない老後資金も少なくなります。

また、老後資金だけでなく定年前後のお金の手続きについても、知識を身につけておく必要があります。

定年前後には、資産管理、税金、年金、雇用保険や健康保険など、お金の関わる手続きが山のようにあります。これらの手続きを、よくわからずに、なんとなく適当に行うのと、きちんとお得な方法で手続きするのとでは、**1000万円以上の差を生む**こともあるのです。

近年、老後資金や年金を増やす方法がよく話題になっていますが、それらを実行するにしても、事前の知識習得・行動が大事になってきます。

退職金はどう受け取るのがいいのか、年金はどうすると増やせるのか、そして何より、自分の場合はどうするのがベストなのか。本書では、制度や仕組みの解説はもちろんのこと、よりお得にするには（損しないためには）どうすればいいのかまで踏み込んで解説しています。

特に**資産運用の出口戦略**については、今回力を入れて執筆しました。多くの定年本では、行政上の手続きの説明や退職金の受け取り方に終始していて、NISA（ニーサ・少額投資非課税制度）、iDeCo（イデコ・個人型確定拠出年金）、変額保険など資産運用全般の出口戦略まで語っているものはありません。本書では出口戦略、築いた資産の取り崩し方についてもしっかりと解説。**お金のことで将来困らないように案内していきます。**

本書では、定年前後のお金の手続きを年齢別・期間別に分けて、するべきこと、したほうがいいこと、考えておくべきことをまとめました。

第1章は「**50代~定年退職までの準備期間**」として、いつまで働き続けるかの確認、現在の収入や支出、退職金や年金額の把握、早いうちに始めたい節税できる投資について解説します。

第2章は「**定年直前期の準備期間**」。退職金や年金の受け取り方の検討をするほか、住民税や雇用保険などの扱いなどを確認します。

第3章は「**定年退職時~65歳頃まで**」として、実際に退職する際の手続きや運用の注意点、年金や失業保険の考え方を紹介します。

そして第4章は「**65歳以降**」。築いた資産やNISA、iDeCo、変額保険などの資産の取り崩し方や出口戦略を中心に、65歳以降のお金についてまとめました。

本書を読んで1人でも多くの方が定年前後のお金について考え、正しく手続きを行い、心配のない老後を迎えられれば、著者としてこれ以上嬉しいことはありません。

頼藤 太希

▶▶▶▶ 定年退職時〜65歳頃まで ▶▶▶▶▶ 65歳以降

定年退職時〜65歳頃まで

資産管理

・退職金を受け取る
・退職所得の受給に関する申告書の提出
・退職金の運用方法を決める
・厚生年金が減りそうならば、
業務委託契約での働き方を検討する
・親からの相続財産の確認、
相続税がかかる場合は贈与を検討
・家族信託の活用を検討

税金

・退職翌年の確定申告
・退職後の住民税など精算
・個人事業主になった場合は青色申告を行う
・個人事業主としての事業が
軌道に乗ったら法人化を検討

年金

・企業年金、確定拠出年金の請求手続き
・老齢年金の繰り上げ、繰り下げを検討
・年金を繰り上げる場合は申請を行う
・配偶者の年金の繰り上げ・繰り下げを検討
・特別支給の老齢厚生年金がもらえるかを
確認する
・加給年金・振替加算が受け取れるか確認

雇用保険

・退職後再就職する場合は、
失業手当の受給を検討
・失業手当を効率よく受給する退職日を調整
・スキルを身につけたい場合、
公共職業訓練を利用
・高年齢雇用継続基本給付が受け取れないか
確認。特別支給の老齢厚生年金が
受け取れる場合は減額に注意

健康保険

・新しく入る保険の手続き

65歳以降

資産管理

・資産運用の出口戦略を決めておく
・iDeCoやNISAの出口戦略を確認
・変額保険に入っている場合の
出口戦略を確認
・シニア向けの割引を活用する
・老後の住まいをどうするか、
リフォーム・住み替えを検討
・自治体に住宅補助がないか確認
・老人ホームに入る場合には必要な
予算を確認
・住まいをどうするか
・エンディングノートをつける

税金

・年金が400万円以下でも確定申告を行う
・所得控除（医療費控除・ふるさと納税）や
損益通算を利用する

年金

・年金を受け取る時期が来たら、
老齢年金の請求手続きを行う

雇用保険

・65歳以降に退職した場合は
高年齢求職者給付金を受け取る

健康保険

・医療費が高額な場合は
高額療養費制度を活用
・高額療養費制度が利用できない
ケースを確認
・75歳以降の医療制度
（後期高齢者医療制度）の確認
・介護サービスにかかるお金の確認

50代～定年退職までの準備期間 ▶▶▶▶▶

資産管理

- いつまで働くのか検討
- 退職金制度・早期退職制度の有無を確認
- 現在の収入、支出の確認
- 定年後の収入、支出の確認
- 老後資金の計画
- 資産負債のバランスシート作成
- 生活費のダウンサイジング
  （住居費・スマホ代・水道光熱費・
  自動車・会員サービスなど固定費）
- 無駄遣いや変動費の削減

税金

- 節税できる投資（iDeCo・つみたてNISA）
  をスタート

年金

- ねんきん定期便で老後の年金額のチェック
- ねんきんネットへの登録

雇用保険

- 定年後の働き方を考える
- 退職後に使える給付金の確認
  （求職者給付・就業促進給付・
  教育訓練給付・雇用継続給付）

健康保険

- 生命保険、医療保険などの見直し

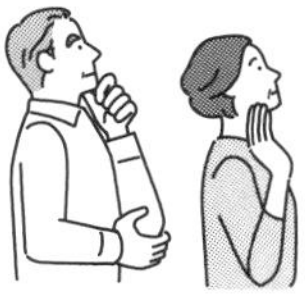

定年退職直前 ▶▶▶▶▶▶▶▶▶▶

資産管理

- 会社に給与の一部を退職時に回す
  交渉を行う
- 退職金の受け取り方の検討（一時金・年金）
- 退職金の手取り額の確認
- 住宅ローンの返済方法を確認
- 国や自治体からもらえる補助金の確認

税金

- 退職金にかかる税金や控除を確認
- 退職後の住民税の金額を把握、
  資金の準備
- 開業する前から使える「開業費」の確認
- iDeCo・NISAの運用状況を確認

年金

- 60歳未満で辞めて働かない場合は
  国民年金に加入
- 配偶者が会社員・公務員の場合は
  扶養に入れないか検討
- 59歳の封書のねんきん定期便で
  年金加入履歴を確認
- 国民年金の未納がある場合は
  任意加入を検討
- 何歳から年金を受け取るかを検討
- 企業年金の有無・金額を確認

雇用保険

- 離職票、雇用保険被保険者証の
  受け取り手続きを確認
- 働きながら年金を受け取る場合、
  在職老齢年金に当てはまらないか確認

健康保険

- 退職後にどの健康保険に入るか検討
- 老後の病気と介護にかかるお金を試算

定年後ずっと困らないお金の話◎もくじ

第1章　50代の決断が老後のお金に直結する

本書をお買い上げいただいた皆様へ

限定書き下ろし
特典プレゼント！

「会社も役所も銀行もまともに教えてくれない
定年後ずっと困らないお金の話」
頼藤 太希 著

暴落時の対策も！

【特典コラム】
50歳から10年で1000万円を稼ぐ
「高配当株投資」の話

特典は右記QRコードより
無料で
ダウンロード可能です！

もしくは下記URLへアクセスしてください。
https://tinyurl.com/mtuxxt9p

第2章

「退職金と年金」で絶対損しない方法

第3章 定年後の人生のための賢い選択

第4章

65歳からの資産寿命を延ばす「正解」

※本書の内容は特に記載のないものは、2022年5月末時点のものであり、予告なく変更される場合もあります。
また、本書はお金についての基本的な情報の提供を目的としたもので、特定の投資行為の推奨を目的としたものではありません。本書ならびに著者、出版社等が投資結果の責任を持つものではありません。投資およびそのほかの活動の最終判断は、ご自身の責任のもとで行ってください。

第1章

50代の決断が老後のお金に直結する

1 定年後「いつまで働き続けるのか」計画を立てる

定年後の働き方には、同じ会社で再び雇用される「**再雇用**」、別の会社に就職する「**再就職**」、起業して働く「**独立**」などがあります。

今は60歳で定年を迎えたあと、同じ会社に再雇用されて働く方が多くいます。会社は「高年齢者雇用確保措置」というしくみによって、希望する人を原則65歳まで再雇用することになっているからです。

さらに、2021年4月には高年齢者雇用安定法が改正施行され、会社は70歳までの就業機会を確保することが努力義務となりました。まだ努力義務ではありますが、人生が長くなる時代に、長く働ける環境が整いつつあります。

実際、65歳以上の高齢者の就業者は2004年以降、毎年増加しており、2021年の総務省統計局「労働力調査」によると912万人にのぼっています。また、**70歳以降も男性4割以上、女性2割以上が働いている**ことがわかります。60歳で定年退職する人は、いまや少数派なのです。

幸い、長く働きたい人は多いのが現状です。内閣府の「高齢社会白書」によると、70歳以降も働きたいと考える人は全体の約6割、仕事をしている人で9割弱を占めています。また、実際に仕事をしている60代以上の方に仕事をしている理由をたずねた調査では、「収入がほしい」とする回答が目立ちますが、年齢が上がるにつれて「仕事そのものの面白さ」や「働くのは体に良い」とする回答が増える傾向にあります。**仕事を生きがいにする人が増えてくる**のです。

実際、60歳以降も働くことが健康に良いことを示す研究もあります。

慶應義塾大学の岡本翔平氏のレポートでは、日本人男性のうち、60歳以降も働いている人と働いていない人の死亡・認知機能の低下・脳卒中・糖尿病の4項目（イベント）の発生までの期間を調査。その結果、どのイベントも働いている人のほうが発生までの期間が長いことがわかったのです。「働くのは体に良い」が正しいことを示すデータといえるでしょう。

どんな働き方を選ぶとしても大切なのは、**60歳以降もなるべく長く働く準備をしておく**ことです。

詳しくは後述しますが、60歳で退職して仕事をしなくなってしまえば、以後の定期的な収入といえば年金だけになる人がほとんどでしょう。しかし、国民年金や厚生年金といった老齢年金の受け取りは原則65歳からです。

「繰り上げ受給」といって、年金を早めに受け取ることもできるのですが、受け取れる金額は65歳時点の受給額より減ってしまいます。ベースの年金が少ないので、貯めてきた資産や退職金を取り崩すことになりますが、資産を使い切ってしまったら、少ない年金で生活をしなければなりません。

そうなってから働けばいいのでは？　と思われるかもしれませんが、それも厳しいものがあります。**60歳で退職後、ブランクがある方の働き口は残念ながら少ない**のが現状だからです。望むような仕事ができない可能性も大いにあります。もしも働けない、働かないということになってしまえば、健康面や生きがいの面でも心配です。

しかし、60歳で定年を迎えたとしても、その後長く働いていれば収入が得られ、老後の生活が安定します。また、年金をあとから受け取る**「繰り下げ受給」**をすること

55歳以上の就業者の割合

＊内閣府「令和3年版高齢社会白書」より作成

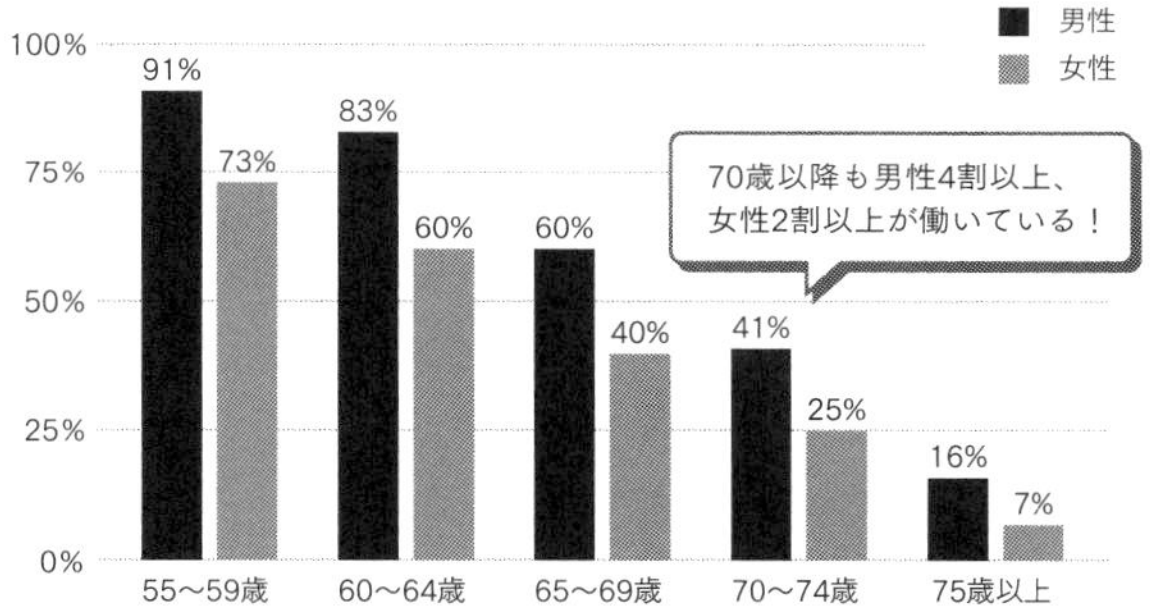

仕事をしている理由

＊内閣府「令和2年版高齢社会白書」より作成

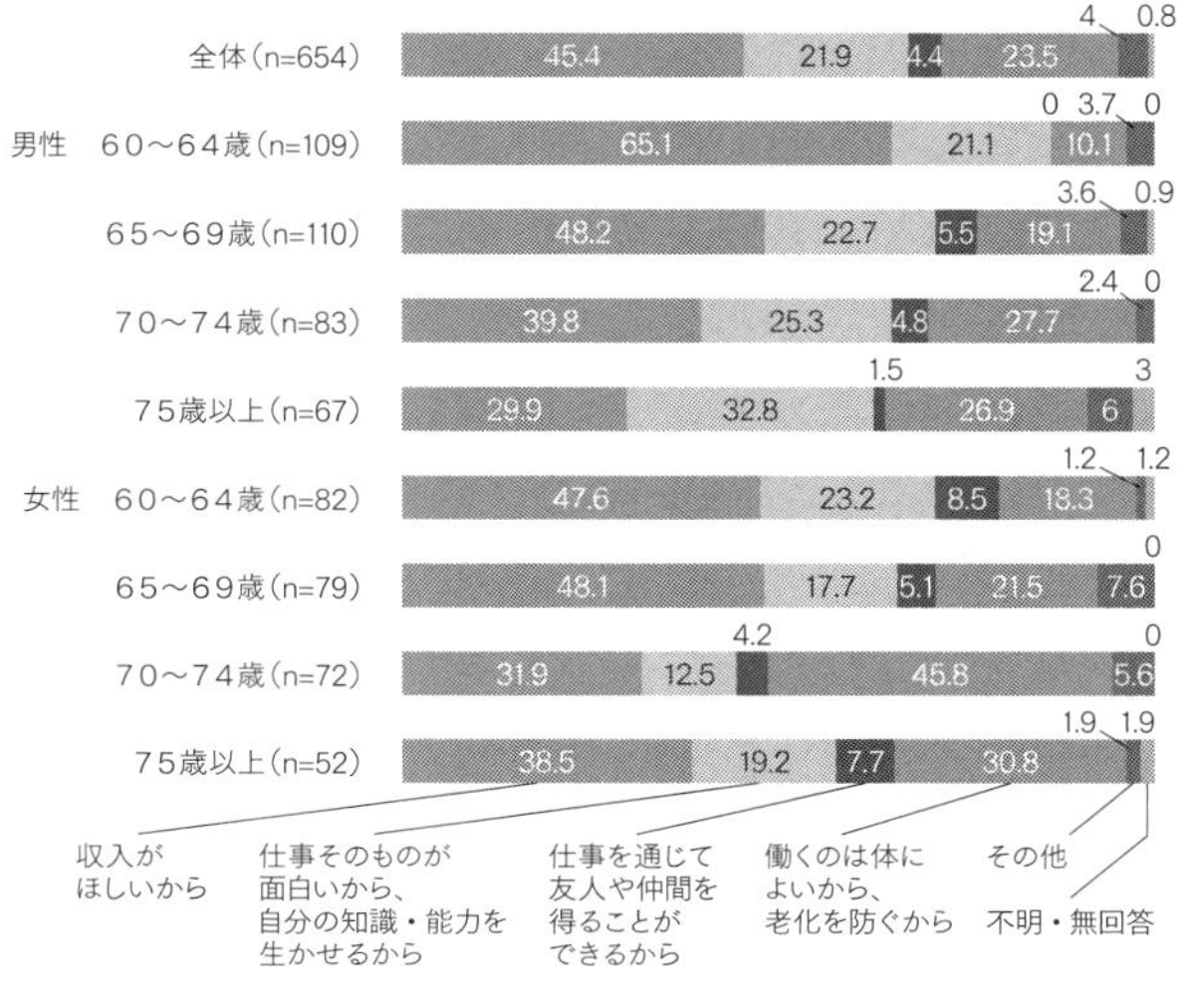

で、受け取れる金額を増やすこともできます。さらに、ブランクなく働くことで、仕事そのものの面白さに気づけたり、健康面に気を配ったりすることができるでしょう。

確かに老後資金が潤沢であれば、60歳で定年退職を迎えて、あとは悠々自適な生活を送ることもできるでしょう。しかし、老後資金がないのに60歳で退職しても、年金の受給は原則65歳から。5年間の空白期間があります。

年間の生活費が300万円かかったとして、まったく働かずに収入がなかったら、**生活するだけで1500万円**もかかってしまいます。しかし、働いて年200万円の収入があれば、5年間の支出は500万円で済むわけです。

そう考えれば、「60歳で定年退職」などといわずに、働けるうちはできるだけ長く働くことを考えたほうがいいことがわかるでしょう。

「いつまで働き続けるか」は、収入だけでなく、健康や生きがいを考えるうえでも大切なこと。65歳までといわず、**できれば70歳、さらにその先まで働く準備をしておくことが大切**になってきているのです。

長く働くことを考えよう

60歳で退職すると…　**長い老後でお金や生きがいに困る**

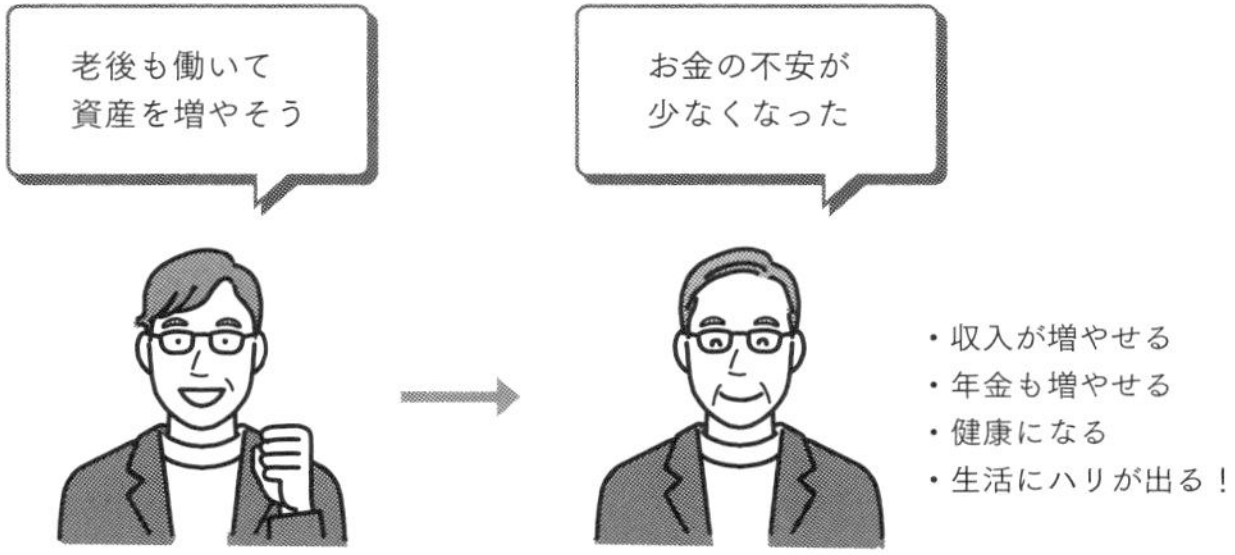

できるだけ長く働くと…　**長い老後を楽しく乗り切れる！**

2 退職金制度、早期退職制度の有無を確認しよう

会社を退職したときに受け取るお金といえば、退職金です。しかし**退職金は、法律で支払うことが決まっているお金ではありません**（公務員は法律で退職金の支払いが規定されています）。厚生労働省「就労条件総合調査」（2018年）によると、退職金制度がある会社は80・5％。いいかえれば、残りの約2割の会社には退職金制度がないのです。ですから、まずは退職金がもらえるかを会社に確認しましょう。

退職金の受け取り方には、大きく分けて**一時金（一括）で受け取る方法、年金（分割）で受け取る方法、一時金と年金を組み合わせて受け取る**方法の3種類があります。自分の場合、どんな受け取り方をするのか（選べるのか）を確認しましょう。

さらに、もっとも気になる退職金額もぜひ問い合わせてください。おおよそ合計でいくらになるかを確認しましょう。老後資金を考えるうえで、退職時にいくらもらえるかはとても重要です。

もっとも、近年は退職金の金額も減っています。今後も、この傾向は続くでしょう。**老後資金を退職金頼みにすることはできなくなってくる**と考えられます。

会社員・公務員の退職金は減っている

● 一般企業の退職金額の推移

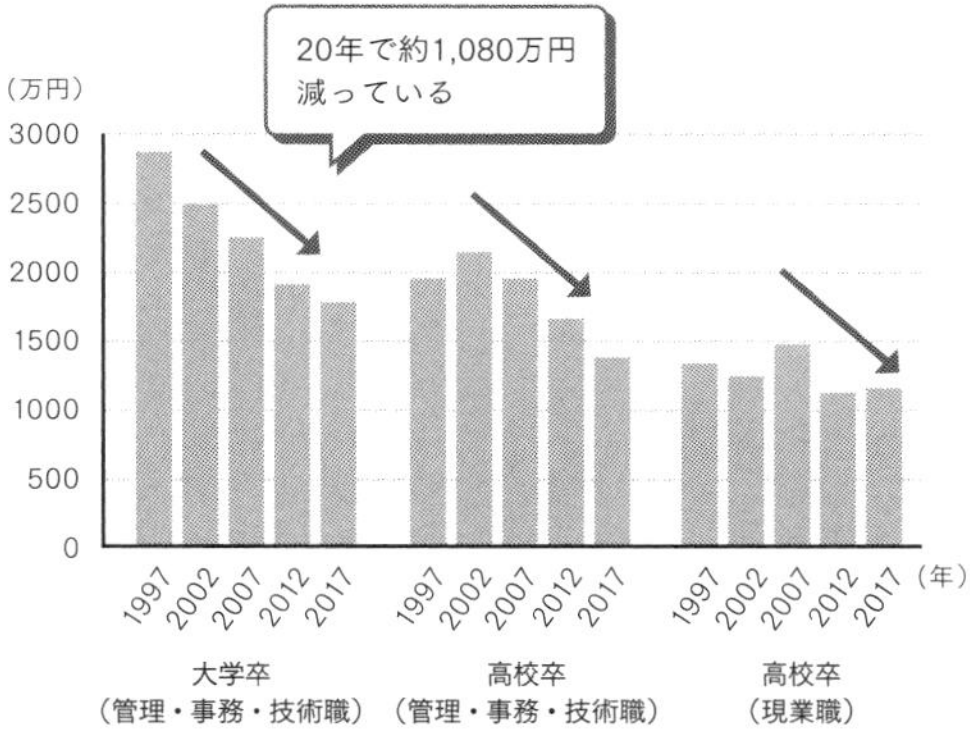

出所：厚生労働省「勤労条件総合調査」

● 公務員の退職金額の推移（国家公務員）

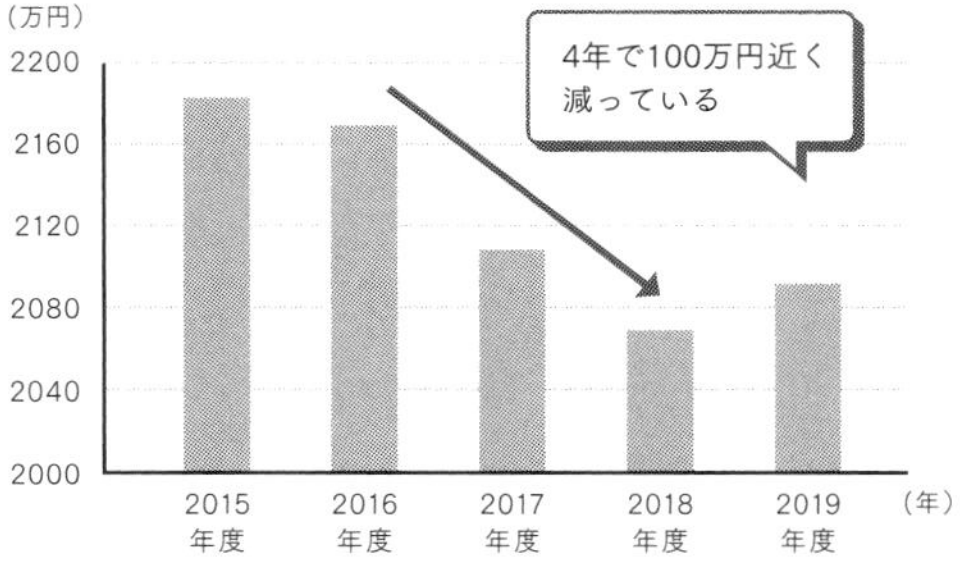

※常勤職員の定年退職者
出所：内閣官房「退職手当の支給状況」

そんななか、近年話題なのが**早期退職制度（希望退職制度）**。会社が退職者を募り、それに応じた人が退職する制度です。早期退職制度を利用すると、多くの場合、割増退職金がもらえるうえ、自己都合ではなく会社都合で退職できます。会社都合で退職すると、**失業手当（雇用保険の基本手当）が自己都合の退職より有利に受け取れます**。

東京商工リサーチの発表によると、上場企業が2021年に募った早期退職者は1万5892人。新型コロナウイルスの影響を受けて2020年度から増加したとのことです。企業にとっても、多少退職金を上乗せして払ったとしても、給与が比較的高い中高年に退職を選んでもらったほうが、人件費の削減・組織の若返りが図れるため、好都合なのです。

定年時にもらう退職金より多いからと、早期退職に応募しようかと迷う人もいるかもしれません。しかし、なんとなく退職してしまうのは危険です。

確かに、退職金がたくさんもらえたら嬉しいでしょう。しかし、仮に50歳で早期退職して再就職しないとなれば、50歳から65歳までの無年金期間の生活費に加えて、65歳以降の老後資金が用意できていないと、生活に困ることになってしまいます。

50代であれば人によってはまだまだ住宅費や教育費などがかかる場合や、将来叶えたい夢や目標にお金が必要な場合もあるでしょう。そうした費用を含めた**「今後必要な金額の合計」が、早期退職で得られる割増退職金と早期退職時点の貯蓄ですべてまかなえるのか**をよく確認する必要があります。

また、早期退職したあとに仕事に就かない場合、老後に受け取れる厚生年金が減るデメリットもあります。厚生年金で受け取れる金額は年収や加入期間によって変わりますが、たとえば、ざっくりの計算で、生涯の平均年収500万円の人が50歳で退職した場合、65歳時点で受け取れる年金額より年40万円ほど減ってしまいます。仮に30年受け取ったら**1200万円もの差がつく**計算です。早期退職によって老後の収入が減ってしまう可能性があるのです。

「早期退職に応じて、別の会社に再就職すればいいのでは」そう思う方もいるでしょう。しかし、50代で一度辞めると、残念ながら同水準の給料がもらえる再就職先がなかなか見つからないのが現実です。

たとえ退職金が1000万円上乗せされたとしても、年収500万円がゼロになってしまえば2年で帳消しになってしまいます。こうしたリスクを考えると、よほど余裕資金がある場合を除いて、早期退職をするべきではないでしょう。長生き時代に備えるには、安定して長期的に働くことが大切なポイントのひとつです。

もっとも、早期退職は自分の生き方にも関わってくる問題でもあります。若いときから一生懸命頑張ってきた方でも、50代を迎えて老後が見えてきたときに、今後どんな仕事をすればいいのか、老後を迎えるまでに何をしたいのか悩む方は少なくありません。

今の会社で定年まで働き続けるのもいいのですが、ほかにやりたいことが明確にあるならば、早期退職して別の会社に転職して働くのもいいでしょう。自分のやりたいことが既存の会社でできないなら、いっそ起業するのもひとつの方法です。

お金は大事ですが、**自分のしたい仕事をせずにお金の面だけで今後を決めると後悔のもとになりかねません**。ですから、会社に早期退職制度がある方はもちろん、そうした制度がない方でも、一度どんな仕事がしたいのか、今後の生き方について考えてみることをおすすめします。

3 自分の「年金額」を把握していますか？

日本の公的年金には、大きく分けて国民年金と厚生年金の2つがあります。

国民年金は、20歳から60歳までのすべての人が加入する年金です。原則として、20～60歳までの40年間にわたって所定の国民年金保険料を支払えば、誰もが満額受け取れます。

2022年度の国民年金の満額は（0・4％の引き下げで）**年額77万7800円**です。

保険料の納付月数が40年に足りないと、受け取れる金額も減少します。たとえば保険料納付月数が30年間（360か月）であれば、年金は満額の4分の3となります。なお、満額で受け取れる年金額は年ごとに改定されます。

対する厚生年金は、会社員や公務員が勤務先を通じて加入する年金。会社員・公務員の方は、毎月の給料から国民年金・厚生年金の保険料を天引きで支払っています。そうすることで、**老後には国民年金と厚生年金の両方を受け取れます。**

個人事業主やフリーランスなどの方は厚生年金に加入していませんので、国民年金のみとなります。ちなみに、会社を設立して起業した場合には、たとえ自分ひとりの会社であっても厚生年金（社会保険）に加入します。

厚生年金の受給額は、加入期間中の給与や賞与の金額も踏まえて計算されます。基本的に、長く加入するほど、給与や賞与の金額が多いほど、年金額が多くなります。

次の表は、23歳から厚生年金に加入した場合に受け取れる年金額（国民年金＋厚生年金）の合計額（年額）を示した概算表です。なお、国民年金は２０２２年度の満額、厚生年金は65歳時点での受給額を表しています。

年金額概算表（国民年金＋厚生年金）

	厚生年金加入期間	5年	10年	15年	20年	25年	30年	35年	40年	43年
	年齢	27歳	32歳	37歳	42歳	47歳	52歳	57歳	62歳	65歳
生涯の平均年収	200万円	83.4万円	89.0万円	94.6万円	100.1万円	105.7万円	111.3万円	116.9万円	122.5万円	125.9万円
	300万円	86.3万円	94.9万円	103.4万円	112.0万円	120.5万円	129.1万円	137.6万円	146.2万円	151.3万円
	400万円	89.0万円	100.1万円	111.3万円	122.5万円	133.7万円	144.9万円	156.0万円	167.2万円	173.9万円
	500万円	91.3万円	104.7万円	118.2万円	131.7万円	145.2万円	158.7万円	172.2万円	185.6万円	193.7万円
	600万円	94.2万円	110.7万円	127.1万円	143.6万円	160.0万円	176.4万円	192.9万円	209.3万円	219.2万円
	700万円	97.2万円	116.6万円	136.0万円	155.4万円	174.8万円	194.2万円	213.6万円	233.0万円	244.6万円
	762万円以上	99.2万円	120.5万円	141.9万円	163.3万円	184.7万円	206.0万円	227.4万円	248.8万円	261.6万円

※国民年金満額(77万7800円[2022年度])と厚生年金額の目安

※65歳未満の金額は65歳時点での受給金額を表示

なお、自分がどのくらいの年金を受け取れるかを詳しく知りたい場合は、「**ねんきん定期便**」を確認しましょう。

ねんきん定期便は、日本年金機構から年に1回、誕生日前後に送られてくる書類です。基本的にはハガキですが、**35歳、45歳、59歳になる年には封書で届きます。**これまでも、一度は見たことがある方が多いのではないかと思います。

50歳以上のねんきん定期便には「60歳まで加入した場合の年金額の目安」が書かれています。ねんきん定期便には、ほかにも「これまでの保険料納付額（累計額）」「これまでの年金加入期間」「年金保険料の納付状況」「ねんきんネットのアクセスキー」などが書かれています。

ハガキと封書の大きな違いは「**年金保険料の納付状況**」。ハガキでは直近1年分しか記載されていないのに対し、封書ではこれまでの全期間の分が記載されています。節目の年に、間違いがないかを確認しておきましょう、という意味合いです。これらの詳しい見方は94ページで改めて解説します。

ねんきん定期便（50歳以上・ハガキ）

（表）

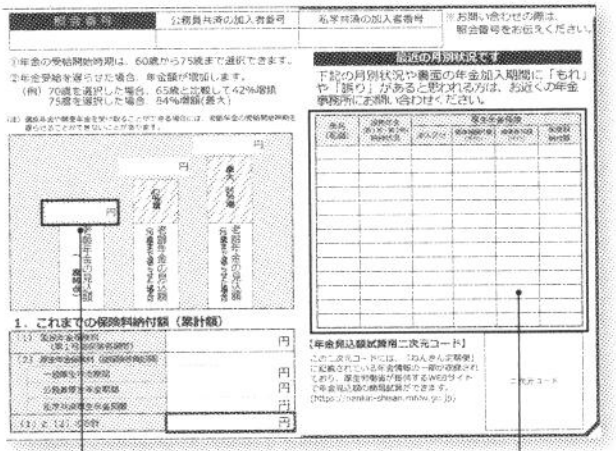

（裏）

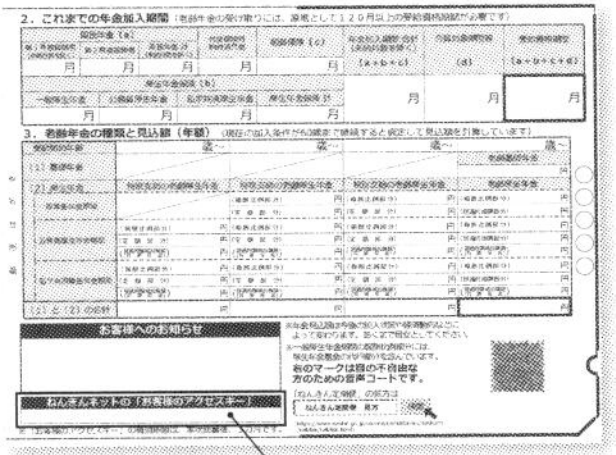

60歳まで加入した場合に
65歳から受け取れる
年金額の目安

最近の年金保険料納付状況
ハガキの場合1年分のみ

アクセスキー

ねんきん定期便（59歳・封書）

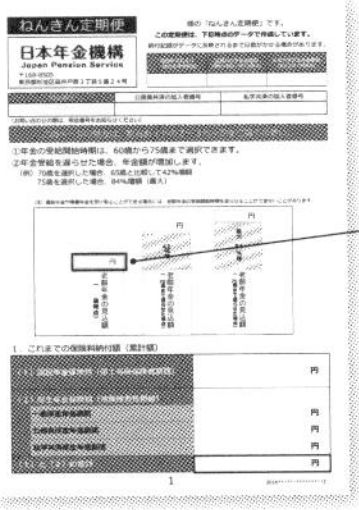

60歳まで加入した場合
に65歳から受け取れる
年金額の目安

年ごと・月ごとの年
金保険料納付状況
封書の場合これまで
のすべての納付状況
が記される

これまでの
年金加入履歴

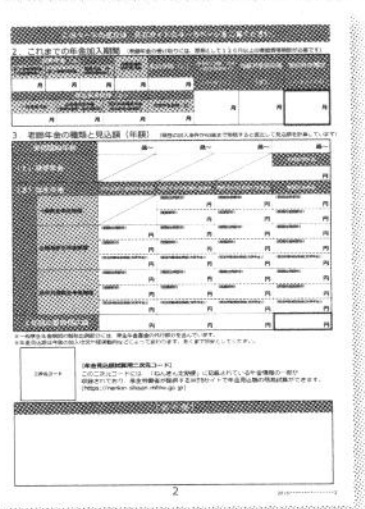

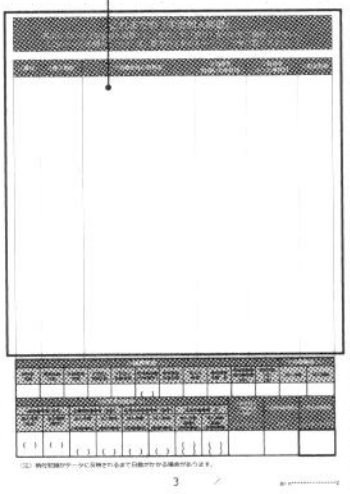

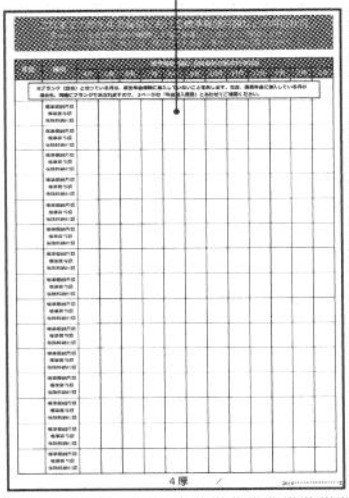

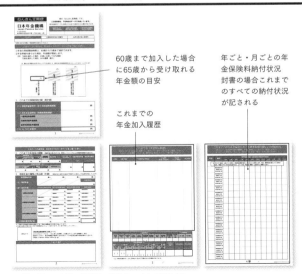

ねんきん定期便が届くのは年に1回です。すぐに自分の年金記録を確認したい場合は、ねんきん定期便のネット版、「**ねんきんネット**」を活用するのがおすすめです。ねんきんネットを使うと、20歳から今までのすべての年金記録がいつでも確認できるうえ、今後の年収・働き方を加味した、より詳細な年金額をシミュレーションできます。スマホにも対応しているので、いつでもどこでも年金の情報が確認できます。

ねんきんネットへのアクセスは、ねんきん定期便に記載されている「**アクセスキー**」**を利用する**とスムーズです。日本年金機構のウェブサイトのトップページにある「新規利用登録」→「アクセスキーあり」で手続きすれば、簡単に登録・ログインができます。

ただし、アクセスキーの有効期限はねんきん定期便の到着から3か月です。有効期限が切れたり、アクセスキーがわからなかったりする場合は「アクセスキーなし」から登録をすると、後日郵送でユーザＩＤが届き、ログインできるようになります。

また、マイナンバーカードを持っていれば、アクセスキーがなくても「**マイナポータル**」からねんきんネットにアクセスできます。

ねんきんネットを活用しよう　※スマホでも同様のサービスを利用可能

ねんきん定期便のアクセスキー、または
マイナンバーカードの「マイナポータル」
を使ってログイン

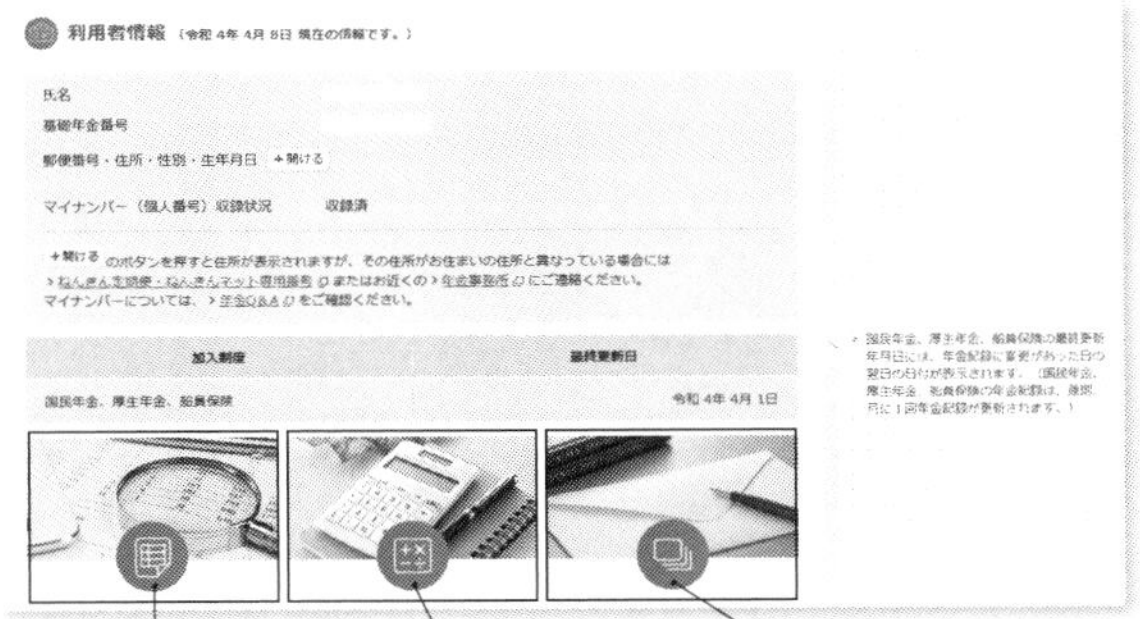

これまでの年金記録を確認できる

今後の年収・働き方も加味した年金額をシミュレーションできる

電子版のねんきん定期便などのダウンロードができる

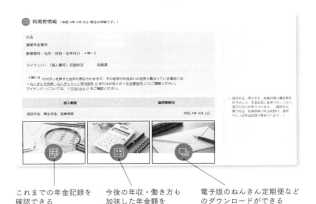

4 定年後にかかる「生活費」を試算してみる

定年後の生活費には、大きく分けて3つあります。

・**日常生活費**…食費、被服費、水道光熱費など、日々の生活のために必要なお金
・**一時的な出費**…夢・目標の実現のためのお金、豊かな暮らしをするためのお金
・**医療費や介護費**…もしものケガや病気、介護のために必要なお金

このうち、絶対に必要なのは日常生活費です。生活を続ける以上、ずっとかかります。それに対して一時的な出費は、極端にいえばなくてもいいかもしれませんが、ないのは正直寂しいものがあります。

そして医療費・介護費は、いくらかかるかが人により大きく異なりますが、公的制度が充実しているため、基本的には貯蓄でまかなうことができます（108ページで詳しく解説）。

老後の年間支出は、現在の**1か月の生活費を12倍**すれば、おおよその金額がわかります。

とはいえ、老後の生活費は現役時代の生活費の7～8割になるともいわれます。総務省統計局「家計調査」（2019年）によると70歳以上の生活費は現役世代（50～59歳）の生活費の68・1％となっています。0・7掛けした金額で把握しておいても良いでしょう。

ということで、まずは老後の生活費が把握できました。これを踏まえて、準備すべき老後資金も計算しておきましょう。

考え方としては、**老後の年間支出から老後の年間収入を引いた金額が、年間で足りない生活費の金額**となります。

老後の年間収入の柱となる年金の金額は25ページで話したとおりです。老後の年数は、人によって異なりますが、65歳から90歳までの26年と仮に計算してみてください。医療費や介護費として**1人500万円を足した金額が、老後に必要な金額の目安**となります。

老後に必要な金額の目安は？

老後の年間支出　　老後の年間収入　　老後の年数

（＿＿＿＿ － ＿＿＿＿）× ＿＿＿＿ 年

＝ ＿＿＿＿ 万円 ①

医療費や介護費

1人500万円（シングルなら500万円、夫婦なら1000万円）②

➡ 老後に必要な金額の目安　① ＋ ② ＝ ＿＿＿＿ 万円

参考までに、2019年の家計調査を利用して、1か月の生活費の平均と、そこからわかる定年後までに必要な金額を確認してみましょう（新型コロナウイルスによる影響を取り除くため、2019年のデータを紹介しています）。

高齢夫婦無職世帯の実収入の平均額は23万7659円、支出の合計（消費支出＋非消費支出）は27万9929円ですから、**毎月の不足額はおよそ3・3万円**。また、高齢単身無職世帯の実収入は12万4710円、支出の合計は15万1800円ですから、**毎月の不足額は約2・7万円**です。この収入・支出が65歳から90歳までの26年間続くとします。

加えて、老後の生活費の支出とは別に医療費や介護費を用意しておきたいところ。家計調査には、こうしたもしもに備えるお金が用意されていません。

目安としては1人500万円程度です。これを踏まえて老後に不足する金額を計算すると、**夫婦世帯なら約2000万円、単身世帯でも約1300万円**とわかります。あくまで2019年を基準とした「平均的な生活」の金額ではありますが、参考になるでしょう。

老後に用意したい金額は？

● 高齢夫婦無職世帯の収入と支出

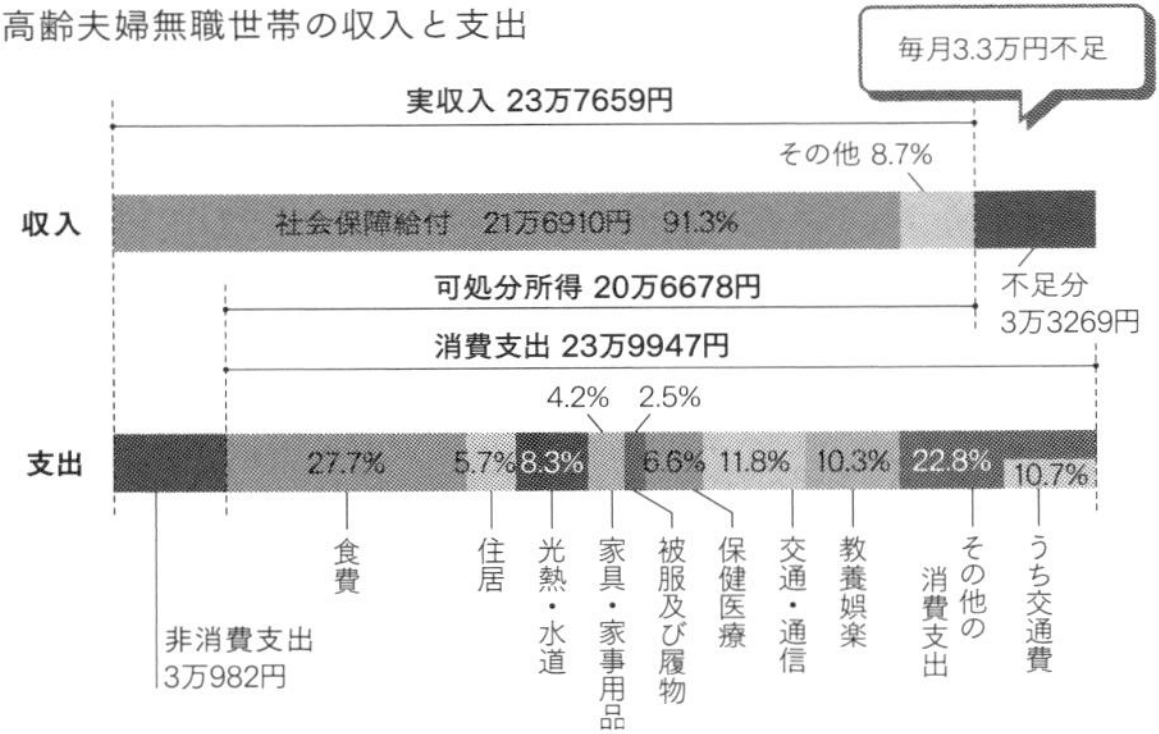

3.3万円×12か月×26年＋500万円×2人＝**約2000万円必要**
（万が一の費用）

● 高齢単身無職世帯の収入と支出

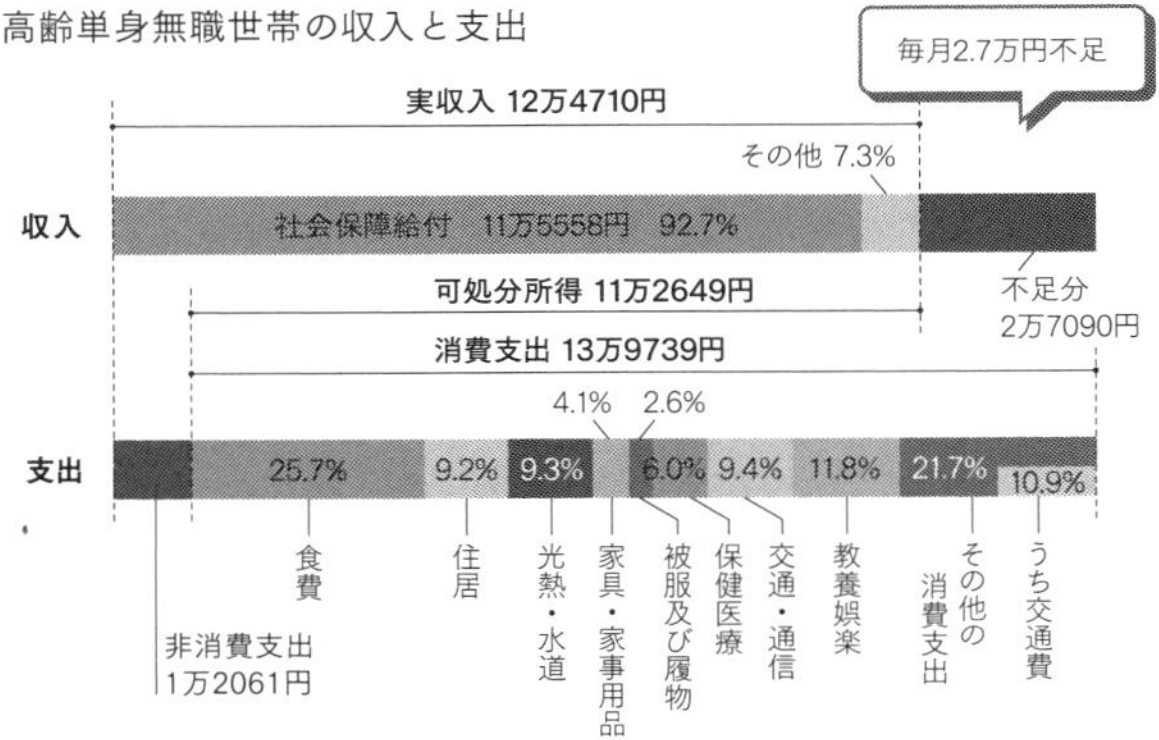

2.7万円×12か月×26年＋500万円＝**約1300万円必要**

＊総務省「家計調査報告」（2019）より作成

5 「資産と負債」のバランスシートをつくろう

収入と支出が把握できれば、毎月・毎年の家計が黒字になるか赤字になるかがわかります。しかし、**資産・負債の状況**までは把握できません。たとえ「資産が1億円ある」といっても、借金が2億円ある状態では、とても健全とはいえません。

資産の状況を把握するために、バランスシートを作成しましょう。

バランスシートは、資産と負債、そして**資産から負債を引いた純資産がどのくらいあるか**を調べ、資産と負債のバランスをチェックするためのもの。本来は、会社の資産・負債・純資産をまとめた書類のことで、「貸借対照表」ともいわれます。これの家計版を作るというわけです。といっても、難しくはありません。

家計の「資産」は、簡単にいうと**お金か、お金に交換できるもの**です。現金や預金はお金そのものですからもちろん資産です。貯蓄型の保険・株式・債券・投資信託、さらには住宅なども、解約・売却すればお金になるので資産に入ります。

現金や預金の計算は通帳などを見ればわかりますが、そのほかの資産は現時点の金額を調べて書くようにします。

たとえば貯蓄型の保険は、**解約した場合のお金（解約返戻金）**を記載します。株式や債券、投資信託は購入時の金額ではなく、**現時点の金額（評価額）**で集計します。どの口座にいくらあるか、どんな資産があるのかをまとめておくと、将来相続が必要になるとき、あるいはエンディングノートを書くときなどにも役立ちます。

持ち家や車、宝飾品などの資産がある場合は、それを**売却した場合の金額（市場価格）**を記載します。ウェブサイトなどで、同様の条件のものがどのくらいで売られているかを見ると参考になります。

一方、家計の「負債」は、**これから支払わなければいけないお金**のことです。住宅ローン・自動車ローン・カードローンといったローンは負債に記載します。

家計簿アプリで人気のある「マネーフォワードＭＥ」は、資産管理にも役立ちます。銀行口座や証券口座などを自動連携できますので自動的に資産が入力されます。負債の入力も可能です。

そして、資産合計から負債合計を引いた金額が家計の「純資産」です。本当の意味で自分の財産といえるのは、この純資産です。資産の合計と負債・純資産の合計は一致します。

資産・負債のバランスシートの例

資産	
現金	万円
普通預金	万円
定期預金	万円
貯蓄型保険	万円
株式	万円
債券	万円
投資信託	万円
その他投資	万円
住宅	万円
車	万円
その他資産	万円
①資産合計	万円

負債	
住宅ローン	万円
自動車ローン	万円
カードローン	万円
その他	万円
②負債合計	万円

③純資産（①−②）	万円

金額だけでなく比率も算出して
資産と負債のバランスをチェック！

家計簿アプリでも資産・負債の管理ができる

● マネーフォワードMEの場合

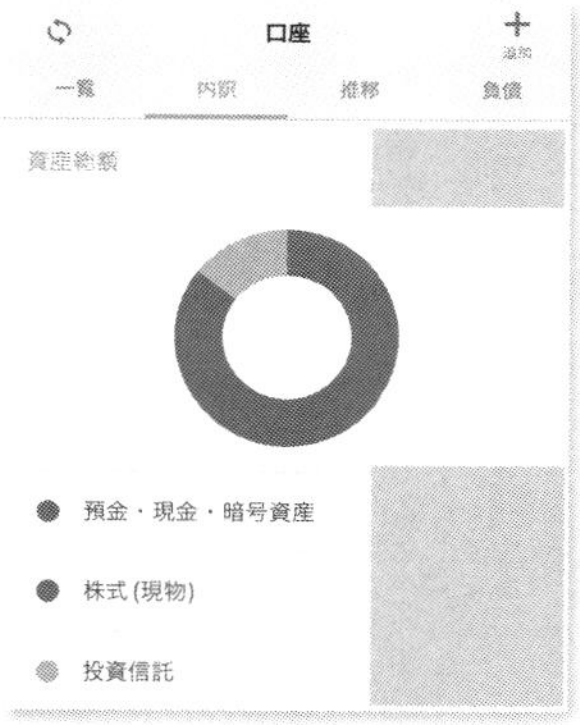

金融機関と連携した口座の情報や
入力した情報から資産を
まとめて表示できる

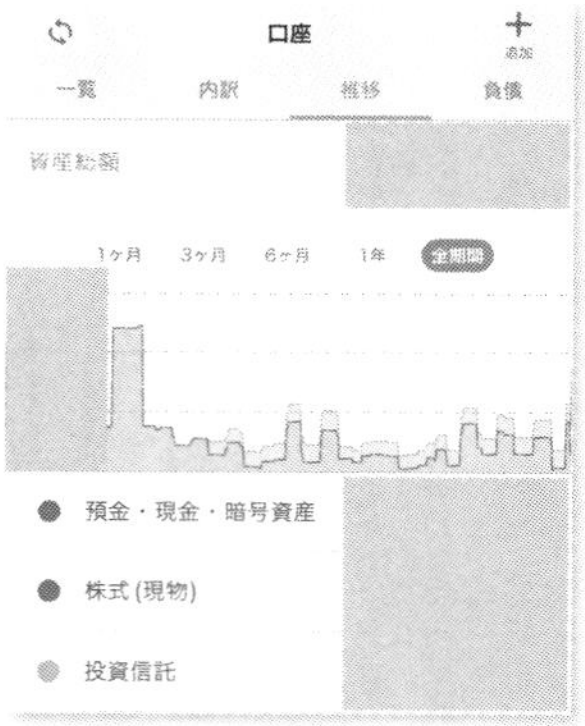

資産や負債の推移をわかりやすく
折れ線グラフで示して
表示することもできる

資産・負債・純資産をまとめると、財産の状態がすぐにわかります。大切なのは、**毎月の収入と支出からは見えない、資産と負債のバランスを確認することです。**

純資産は、平たくいえば「資産をすべて売って負債を返した残りのお金」です。

いくら資産が多くても、負債も多くて純資産が少ないと、手元に残るお金は少なくなります。

収入がしっかりしているうちは負債を返すことができますが、収入が減ってしまうと返済にあてるお金が不足するため、家計は途端に苦しくなってしまうのです。逆に、収入が少なくても、資産が多くて負債が少ないならば、それほど家計は苦しくならないというわけです。

万が一、純資産がマイナスになっている（純資産の比率がマイナス）ならば、資産をすべて負債の返済にあてても返しきれない「**債務超過**」の状態に陥っていることになります。また、純資産がプラスでも、その割合が年々減っていくようであれば、いずれ債務超過になってしまいます。もし家計がこのような状態ならば、資産を増やす、あるいは負債を減らすことを早急に考える必要があります。

人生には、お金の貯めどきが3度あるといわれています。1度目は社会人になってから結婚するまで、2度目は結婚から子どもが小中学校に通うころまで、そして3度目は子どもが独立してから定年退職するまでです。

仮に55歳からが3度目の貯めどきだったとしても、65歳で定年退職するとして、あと10年もあります。3度目の貯めどきを有効活用して、家計を健全にしていきましょう。

6 iDeCo、NISAなど「節税できる投資」がおすすめ

お金を増やすためには、お金を働かせて増やす（投資する）ことも、なるべく早くスタートさせたいところです。**投資は、コツコツ長く続けるほど、お金を堅実に増やせる**からです。

なかでもぜひ取り入れたいのが、iDeCoやNISAなど、節税しながら資産運用ができるしくみです。資産運用をすることでお金を増やせますし、本来かかる税金を節約できるので支出も抑えられます。

●iDeCo（イデコ・個人型確定拠出年金）

老後資金を作るのにいちばんお得な制度がiDeCoです。

iDeCoは公的年金では不足する分を補う「私的年金」と呼ばれる制度のひとつです。一定の掛金を自分で支払って運用し、増えたお金を60歳以降に受け取ります。

ｉＤｅＣｏでは、大きく3つのタイミングで税制優遇を受けることができます。

1つ目は、掛金を支払うとき。**ｉＤｅＣｏで支払った掛金は、毎年全額が「小規模企業共済等掛金控除」という所得控除の対象**になります。

所得控除は、税金の計算のもとになる「所得」から差し引く金額のこと。税金は所得控除後の所得（課税所得）に税率をかけて計算するので、所得税や住民税が安くなる、というわけです。老後資金を貯めながら、納めるべき税金を減らせます。

2つ目は、運用をするとき。**ｉＤｅＣｏの運用で得られた利益には、税金がいっさいかかりません**。本来、投資の利益には20・315％の税金がかかります。100万円の利益が出ても、約20万円は税金として納めなければいけないのです。しかし、もしもｉＤｅＣｏで100万円の利益が出たら、100万円を丸ごと受け取ることができます。

税金はとても大きな投資のコスト。それをゼロにできるのは大きいでしょう。また、増えた利益や利息を再び運用に回すことで、複利効果が得られるため、資産をより効率よく増やすことができます。

そして3つ目は、お金を受け取るとき。ｉＤｅＣｏの資産は、原則として60歳から75歳までの間に一時金か年金で受け取りを開始します。このとき、**一時金で受け取れ**

ば「退職所得控除」、年金で受け取れば「公的年金等控除」という所得控除を利用できるため、税金の負担を減らすことができます。「60歳まで受け取れないこと」がデメリットのように語られることもありますが、裏を返せば「**つい引き出してしまって老後資金が用意できなかった」といった事態が防げる**ということでもあります。60歳以降の老後資金を確実に用意できるという点ではメリットといえます。

ｉＤｅＣｏの掛金は毎月５０００円から、１０００円単位で増額できます。上限は国民年金のグループや企業年金の有無で変わります。

50代からｉＤｅＣｏを始めても、遅すぎることはありません。ｉＤｅＣｏは条件を満たせば65歳まで掛金を出すことができます。この間、働いて税金を納めているならば所得控除による節税効果を得られます。また、65歳以降は掛金を新たに出すことはできないものの、一時金受け取りの場合、75歳まで運用益非課税で運用できます。また、年金受け取りの場合は最長20年に分割して受け取れますが、その間も運用は継続できますので、95歳になるまで運用益非課税で運用することも可能です。

つまり、**今50歳だとしても25年〜45年、60歳でも15年〜35年は運用ができる**のです。

iDeCoの節税メリットと掛金額の上限

●iDeCoの３つの節税メリット

メリット①	メリット②	メリット③
年間の掛金	運用中の利益	年金の受取時
↓	↓	↓
全額「所得控除」	「運用益」が非課税	「退職所得控除」「公的年金等控除」
↓	↓	↓
所得税・住民税が減る	**効率よくお金を増やせる**	**税負担が減る**

●iDeCoの掛金額の上限

自営業者・フリーランス・学生

（国民年金第1号被保険者）
月額6万8000円
年額81万6000円

公務員

（国民年金第2号被保険者）
月額1万2000円
年額14万4000円

専業主婦（主夫）

（国民年金第3号被保険者）
月額2万3000円
年額27万6000円

会社員

（国民年金第2号被保険者）

- **企業年金なし**
  月額2万3000円
  年額27万6000円
- **企業型確定拠出年金のみ**
  月額2万円
  年額24万円
- **確定給付型企業年金あり**
  月額1万2000円
  年額14万4000円

掛金の上限は働き方や企業年金制度により異なります。
拠出限度額の範囲内で、月5000円から1000円単位で自由に積み立て可能です逆にいえば、早く始めるほど長く運用ができ、資産を増やしやすくなるでしょう。

●NISA（ニーサ・少額投資非課税制度）

iDeCoに加えて利用したい制度がNISAです。NISAでは、**投資で得られた利益にかかる税金がゼロにできます。**iDeCoで「2つ目の税制優遇」として紹介した運用益非課税と同じです。

iDeCoと違って、掛金の所得控除の節税メリットはありません。しかし、お金を効率よく増やすには少しでも有利なところにお金を置くことが大切。課税口座で資産運用するよりもNISAのほうが効率よくお金を増やすことができるでしょう。また、iDeCoと異なり、引き出し制限はないので、**自由に解約可能**です。

2023年時点で18歳以上の方が対象の現行NISAには、一般NISAとつみたてNISAがあり、どちらかを選んで利用することができます。しかし、2024年にNISAの制度が大きく改正。新NISA（仮称）が始まります。

新NISAでは**制度が恒久化され、非課税期間も無期限**となりました。

これにより、新NISAは「非課税期間後の出口戦略」もシンプルに。現行NISA

現行NISAと新NISAの比較

	現行		[新設] 新NISA	
	つみたてNISA	一般NISA	つみたて投資枠	成長投資枠
対象年齢	18歳以上		18歳以上	
投資可能期間	2023年末で買付終了		2024年からいつでも（恒久化）	
非課税期間	20年間	5年間	無期限	
年間投資枠	40万円	120万円	120万円	240万円
生涯投資上限	800万円	600万円	買付残高1800万円（うち成長投資枠1200万円）	
投資商品	国が定めた基準を満たす投資信託・ETF	上場株式・ETF・REIT・投資信託	国が定めた基準を満たす投資信託・ETF	上場株式・ETF・REIT・投資信託（高レバ投信等除く）
投資方法	積立	一括・積立	積立	一括・積立
両制度の併用	不可		可	
売却枠の再利用	不可		可（投資元本ベースの管理、枠復活は翌年）	

にあった**「非課税期間が終わる直前に暴落したら？」という心配をする必要もなくなります。**

また、年間の投資金額上限も現行NISAより大幅にアップし、つみたてNISA同様の「つみたて投資枠」と一般NISA同様の「成長投資枠」を併用できます。

おすすめは**つみたて投資枠を利用してコツコツと積立投資をする**こと。定年前後で新NISAを始めても、30年、40年と運用を続けて堅実にお金を増やし、資産を取り崩すことができます。詳しくは第4章で解説します。

iDeCoとNISAでは、運用できる商品が異なります。

iDeCoの運用先は、大きく分けて元本確保型の定期預金と保険、元本変動型の投資信託の3種類から選びます。このうち、老後資金を増やすためにおすすめなのは、投資信託です。iDeCoで定期預金や保険を利用しても、掛金の所得控除は受けられます。しかし、定期預金や保険では金利がとても低く、お金が増えません。運用益非課税の効果はほとんど受けられませんし、なにより老後資金を増やすことができません。その点、投資信託なら運用次第で増える可能性があります。

つみたてNISA（2024年からつみたて投資枠）の運用先は、金融庁の一定の基準を満たしたおよそ200本の投資信託・ETF（上場投資信託）のみとなっています。

もちろん、基準を満たしたからといって、必ずお金が増えるというわけではありません。しかし、金融庁によると、**資産や地域を分散した積立投資を20年間行った場合、年率の収益率は2～8％の間に収まる**とのこと。長期間投資を行うことで、値下がりのリスクを抑える効果があることがわかります。なお、一般NISA（2024年から新NISAの成長投資枠）では上場株式・ETF・REIT・投資信託に投資ができます。

20年間の長期・積立・分散投資で資産はどうなる?

資産・地域を分散して積立投資を行った場合の運用成果の実績【保有期間別(5年・20年)】

●保有期間5年

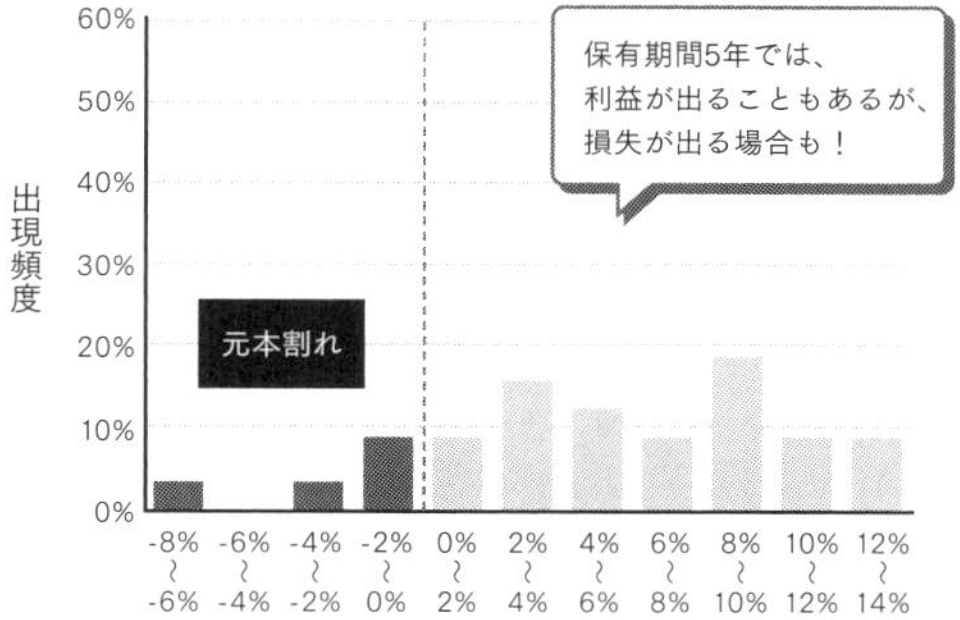

●保有期間20年

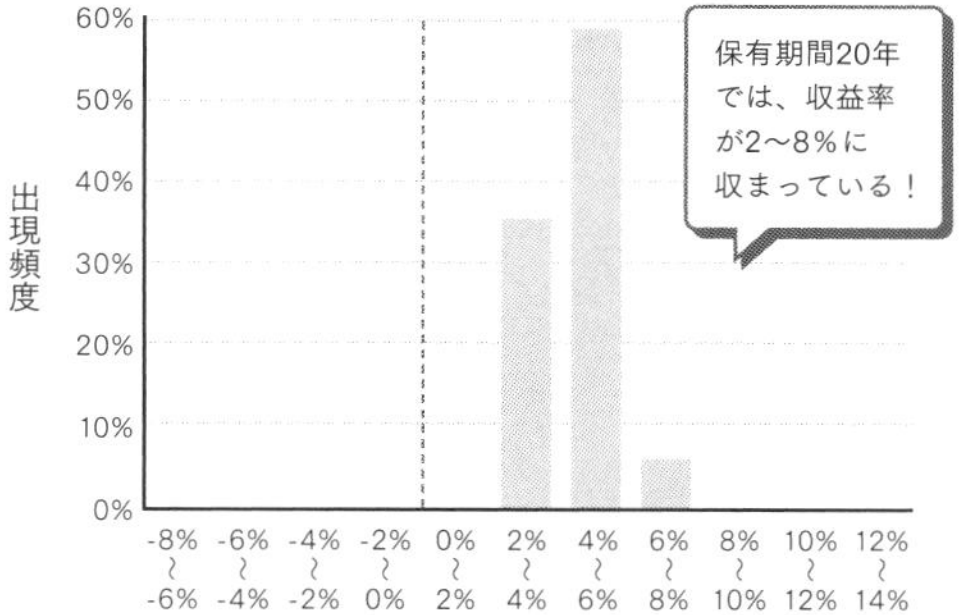

*金融庁「つみたてNISA早わかりガイドブック」より作成

※上記は過去の実績を元にした算出結果であり、将来の投資成果を予測・保証するものではありません。

iDeCoやNISAを利用すると、投資の王道と呼ばれる「**長期**」「**積立**」「**分散**」投資を少額からスタートできます。

長期投資とは、長い時間をかけて投資を行うことです。金融商品の値段は日々上下します。短期的には値下がりすることもありますが、日本・世界の経済は、長期的には徐々に成長していくと考えられます。長い期間投資することで、その成長に合わせて資産を増やそう、というわけです。

積立投資とは、「毎月1万円ずつ」など、定期的に一定額の投資を続けること。値動きのある商品を一度に買ってしまうと、タイミングによっては損をしてしまう可能性もあります。しかし、積立投資でコツコツと購入すれば、その商品が安いときにはたくさん買い、高いときには少ししか買わないことになります。その結果、平均購入単価が下がるのです（ドル・コスト平均法）。

そして**分散投資**は、自分のお金の投資先を、値動きの違う複数の商品に分けて投資することをいいます。もしどれか1つの商品に集中して投資をすると、商品によっては値下がりして損をする可能性があります。しかし、分散投資で投資先を分けると、どれかが値下がりしても、他のどれかの値上がりでカバーできる可能性があるのです。

iDeCo・つみたてNISA（新NISA）おすすめ投資信託

●SBI・V・全世界株式インデックス・ファンド

つみたてNISA

米バンガード社「バンガード・トータル・ワールド・ストックETF」（VT）に投資する投資信託。世界経済の成長に合わせてお金を増やす期待ができる。手数料も安価で人気を集める

純資産総額	205.69億円	トータルリターン	1年	8.00%
基準価額	10,740円		3年（年率）	―
信託報酬（年率・税込）	0.1338%		設定来	5.90%

●ニッセイ・インデックスバランスファンド（4資産均等型）

つみたてNISA

国内債券・国内株式・先進国債券・先進国株式の4資産に25%ずつ均等に投資するバランス型投資信託。1本買うだけで、債券50%・株式50%の運用ができる

純資産総額	279.63億円	トータルリターン	3年（年率）	7.72%
基準価額	14,512円		5年（年率）	5.16%
信託報酬（年率・税込）	0.154%		設定来	44.23%

●eMAXIS Slim バランス（8資産均等型）

iDeCo　つみたてNISA

国内・先進国・新興国の株式と債券、国内外の不動産（リート）の計8資産に12.5%ずつ投資するバランス型投資信託。「4資産」よりも積極的に利益を狙える

純資産総額	1828.44億円	トータルリターン	3年（年率）	6.70%
基準価額	13,630円		5年（年率）	5.31%
信託報酬（年率・税込）	0.154%		設定来	35.51%

2023年3月6日時点

7 退職後に使える「給付金」の存在を知っておく

雇用保険に加入している人が退職後に受け取れる給付金に失業等給付があります。失業等給付には、大きく分けて「求職者給付」「就職促進給付」「教育訓練給付」「雇用継続給付」の4種類があります。

①**求職者給付**…求職者給付は、退職したあとに求職活動をする人の生活を安定させ、求職活動がしやすくするために行われる給付です。

②**就職促進給付**…就職促進給付は、退職した人の再就職を支援するために行われる給付です。

③**教育訓練給付**…教育訓練給付は、厚生労働大臣が指定する教育訓練講座を受講・修了した場合に、受講費用の一部が支給される給付です。教育訓練講座は、専門実践教育訓練・特定一般教育訓練・一般教育訓練の3種類。講座により受け取れる給付金額が異なります。なお、教育訓練給付金は在職中でも利用可能です。

④雇用継続給付…雇用継続給付は、働き続ける高齢者や、育児・介護等で休業する方に対して支給される給付です。

失業等給付の種類

① 求職者給付

一般被保険者に対する求職者給付	基本手当
	技能習得手当（受講手当・通所手当）
	寄宿手当
	傷病手当
高年齢被保険者に対する求職者給付	高年齢求職者給付金
短期雇用特例被保険者に対する求職者給付	特例一時金
日雇労働被保険者に対する求職者給付	日雇労働求職者給付金

② 就職促進給付

就業促進手当	就業手当
	再就職手当
	就業促進定着手当
	常用就職支度手当
	移転費
	求職活動支援費

③ 教育訓練給付

	教育訓練給付金
	教育訓練支援給付金

④ 雇用継続給付

高年齢雇用継続給付	高年齢雇用継続基本給付金
	高年齢再就職給付金
育児休業給付	育児休業給付金
介護休業給付	介護休業給付金

失業等給付がカバーする範囲はとても広いのですが、ここでは主なものを解説します。

●基本手当

基本手当は、雇用保険に加入している人が仕事を辞めたあと、失業中に受け取れる手当です。「失業給付」「失業保険」などとも呼ばれます。受け取れる金額は**退職前の賃金日額の45～80％**。給付日数は退職時の年齢や退職理由などによって異なります。

失業手当の受給の手続きは、ハローワーク（公共職業安定所）で行います。次の仕事を探している方が受け取れる手当なので、求職活動をする必要があります。

失業手当を受け取るには、一般離職者（自己都合）の場合、退職前2年間に雇用保険の加入期間（被保険者期間）が12か月以上あることが必要です。対して、特定受給資格者（会社都合）や特定理由離職者（正当な理由のある退職）の場合は、退職前1年間に雇用保険の加入期間が6か月以上あれば失業手当が受け取れます。

自己都合よりも、会社都合や正当な理由での退職のほうが手厚い保障を受けられるうえ、2～3か月の給付制限期間もない分、早く受け取ることができます。

失業給付のしくみ

● 失業給付を受け取るまで

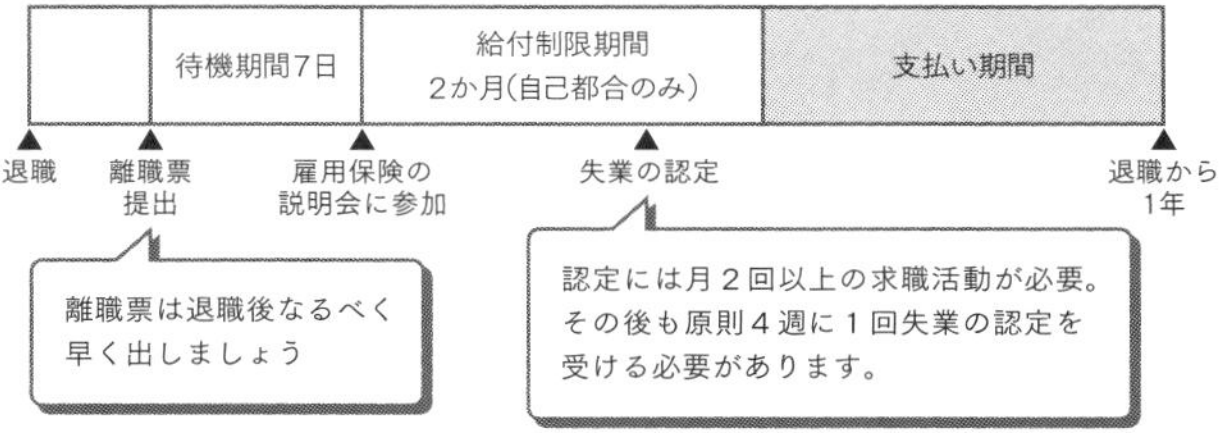

● 失業給付で受け取れる金額

失業給付額（1日あたり） ＝ 賃金日額（離職前の6か月間の賃金合計÷180） × 給付率 およそ45〜80% 離職前の賃金で異なる

● 失業給付の給付日数

退職理由	退職時の年齢	雇用保険の加入期間				
		1年未満	1〜5年	5〜10年	10〜20年	20年以上
会社都合 倒産・リストラ など	30歳未満	90日	90日	120日	180日	−
	30歳以上 35歳未満	90日	120日	180日	210日	240日
	35歳以上 45歳未満	90日	150日	180日	240日	270日
	45歳以上 60歳未満	90日	180日	240日	270日	330日
	60歳以上 65歳未満	90日	150日	180日	210日	240日
自己都合 転職・結婚・病気 など	65歳未満	−	90日	90日	120日	150日

なお、基本手当が受け取れるのは64歳まで。65歳以降は基本手当の代わりに「高年齢求職者給付金」が受け取れます。高年齢求職者給付金では、基本手当の最大50日分が一時金で受け取れます。

技能習得手当

技能習得手当は、公共職業訓練の受講者が受け取れる手当です。公共職業訓練は、ハローワークに通いながら、就職に必要な技能や知識を身につけられる制度です。公共職業訓練を受講すると、技能習得手当として「受講手当」と交通費にあたる「通所手当」が受け取れます。**受講手当は日額500円（上限2万円）**、**通所手当は月額最高4万2500円**です。これらは、基本手当とは別に受け取れます。

傷病手当

傷病手当は、退職したあとに病気やケガをして15日以上就職できない場合、基本手当の代わりに支給される手当です。傷病手当の日額は**基本手当の日額と同じ**です。

再就職手当

再就職手当は、基本手当を受給している人が再就職したときに支給される手当です。基本手当を受給している間に再就職すると、基本手当の給付は終了します。しかし、**基本手当の支給残日数が所定給付日数の3分の1以上ある場合は基本手当日額の60%、3分の2以上ある場合は70%の金額**が再就職手当として受け取れます。早く再就職するほどたくさん受け取れる手当です。

就業促進定着手当

就業促進定着手当は、再就職先の賃金が退職前の賃金より低い場合に受け取れる手当です。再就職手当を支給され、6か月以上雇用される人で、再就職後6か月間の1日分の賃金が退職前より低い場合に受け取れます。**基本手当日額の40%（再就職手当の給付率が70%の場合は30%）にあたる金額**が基本手当の支給残日数分受け取れます。

高年齢雇用継続基本給付金

高年齢雇用継続基本給付金は、基本手当を受け取っていない方が会社に継続雇用・

再雇用されたものの、**賃金の低下率が60歳時点の75%未満になった場合に支給される給付**です。高年齢雇用継続基本給付金の金額は、低下率によって変わります。61%以下の場合の支給率は15%、61%超75%未満の場合の支給率は段階的に変わります。

高年齢雇用継続基本給付金の給付額

賃金の低下率	支給率
75%以上	0.00%
74.50%	0.44%
74.00%	0.88%
73.50%	1.33%
73.00%	1.79%
72.50%	2.25%
72.00%	2.72%
71.50%	3.20%
71.00%	3.68%
70.50%	4.17%
70.00%	4.67%
69.50%	5.17%
69.00%	5.68%
68.50%	6.20%
68.00%	6.73%
67.50%	7.26%
67.00%	7.80%
66.50%	8.35%
66.00%	8.91%
65.50%	9.48%
65.00%	10.05%
64.50%	10.64%
64.00%	11.23%
63.50%	11.84%
63.00%	12.45%
62.50%	13.07%
62.00%	13.70%
61.50%	14.35%
61%以下	15.00%

（例）60歳のときの賃金が30万円、再雇用後の賃金21万円の場合
賃金の低下率　21万円÷30万円＝70％
支給率　4.67％
→ 高年齢雇用継続基本給付金の給付額
21万円×4.67％＝**月9807円**

65歳に到達する月まで受け取れる！

第2章

「退職金と年金」で絶対損しない方法

1 年収激減の「役職定年」で、年金はどう変わる？

20代のころはまだ少なかった年収が、スキルアップや昇進などを通じて、50代まで右肩上がりに増加してきたという方も、決して少なくないはずです。しかし60代、定年退職を迎えるまでさらに増えていくかといえば、**期待薄**なのが現状です。それどころか、なかには年収が激減してしまう人もいるのです。その理由は、「役職定年」にあります。

役職定年とは、一定の年齢に達した社員が課長や部長といった管理職から外れる制度のことです。会社によって制度はさまざまですが、55歳、あるいは57歳といった年齢に達すると管理職ではなくなり、非管理職社員に戻るのです。

会社としては**人件費の削減や組織の新陳代謝、活性化につながるメリットがある**ということで、大企業を中心に導入が進んでいます。しかし、役職定年を迎えた社員はたまったものではありません。努力して築いてきた地位が年齢を理由になくなるだけでなく、年収も下がるからです。

ダイヤ高齢社会研究財団の「50代・60代の働き方に関する調査報告書」によると、実際に役職定年を経験した方のうち、**役職定年後の年収が減った割合は実に9割以上。**年収が半分未満になった人も約4割いるのです。

役職定年で年収が少なくなると、将来受け取れる厚生年金の金額も減ってしまいます。たとえば、20歳から60歳まで40年間ずっと年収500万円だった人と、同じく55歳まで年収500万円だったものの、55歳から60歳までの5年間は年収が350万円になった人では、**厚生年金の年額に4・1万円の差**が生まれる計算です。

もしくは、55歳から60歳までの5年間は年収が250万円になった場合は、厚生年金の金額に6・8万円の差が。これが仮に30年続いたら、**受け取れる金額は204万円も少なくなってしまいます。**

第1章で、50歳以降のねんきん定期便には「60歳まで加入した場合の年金額の目安」が記載されていることをお話ししました。これは、あくまで今の給与水準が続いた場合の目安となっています。役職定年に限らず、その他の理由でも同じなのですが、年収が下がった場合には「年金額の目安」よりも年金額が下がってしまうことを覚えておきましょう。

役職定年後の年収

役職定年前を100％とした場合の割合
定年後有職者の男性のみの回答

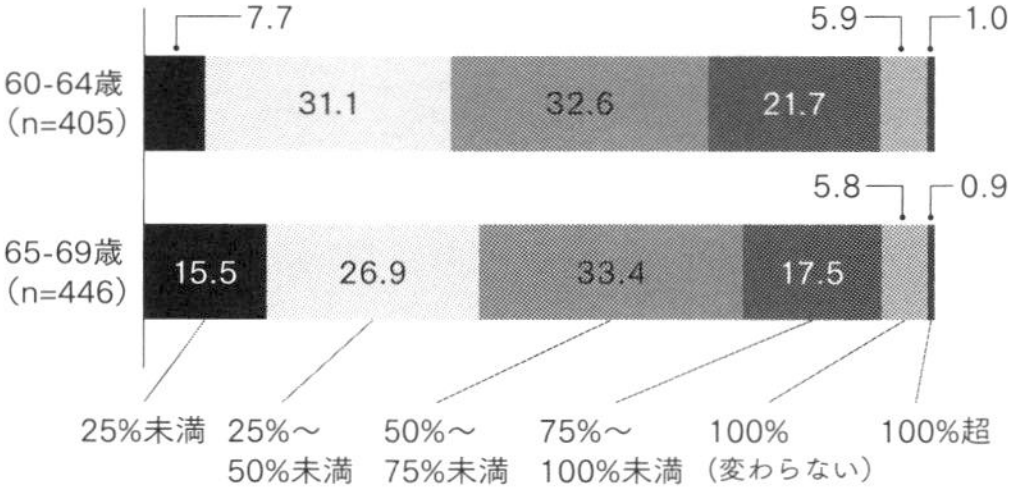

＊公益財団法人 ダイヤ高齢社会研究財団
「50代・60代の働き方に関する調査報告書」より

年収が少なくなると年金はどうなる？

（例）20歳から55歳までの平均年収500万円
55歳から60歳までの年収が同じ・7割・5割の場合の年金額概算

55歳以降の年収水準（40年間の平均年収）	500万円のまま（500万円）	7割（481.25万円）	5割（468.75万円）
老齢厚生年金	109.6万円	105.5万円	102.8万円
老齢基礎年金	78万円		
公的年金合計	187.6万円	183.5万円（−4.1万円）	180.8万円（−6.8万円）

※すべての加入期間（40年）を「平均標準報酬額×5.481÷1000×厚生年金加入月数」として計算

2 再就職の契約では、給与の一部を退職金に回してもらう交渉を

60歳を迎えたあと、これまで勤めてきた会社に再雇用されたり、違う会社に再就職されたりするときには、新たに雇用契約を結び、給与や働く条件などを決定します。このとき、給与の一部を退職時に受け取る退職金に回し、退職時に退職一時金として後払いしてもらうと、**税金や社会保険料を節約できる**場合があります。

60歳から65歳までの5年間にわたって再雇用されるとします。この5年間、月給25万円（年収300万円）で働いた場合、年間の税金＋社会保険料の合計は約64・3万円。5年間で321万円ほど負担することになります（簡易的に、所得控除は基礎控除と社会保険料控除のみで試算しています）。

一方、月給20万円（年収240万円）で働き、毎月5万円を退職金に回した場合、年間の税金＋社会保険料の合計は約48・7万円、5年間の総額は243万円ほどです。65歳になって、毎月5万円ずつ貯めてきた退職金300万円を受け取ります。仮に60

歳に退職金を受け取っていた場合、65歳時点の退職金にかかる税金の合計は7・5万円。また退職金を一時金でもらう場合、社会保険料はかかりません。退職金にかかる税金は次の項目で詳しく解説します。

以上2パターンの税額・社会保険料の合計を比較すると、**5年間で約70万円**も税金・社会保険料を減らせることがわかります。

再雇用・再就職で働いて得た給与にも、税金や社会保険料はかかります。税金や社会保険料は基本的に、給与が多くなるほど高くなっていきます。そこで、毎月の給与の一部を退職時に回し、給与を抑えることで毎月の税金や社会保険料の負担を減らし、退職時には退職金に回したお金を、退職所得控除を生かして受け取ることで、税金・社会保険料を安くできる、というわけです。

ただし、このテクニックは社会保険料が減ることになるので、**その分、厚生年金が減る影響がある**ことには留意しておきましょう。

再雇用・再就職先の制度によっては、給与の一部を退職時に回せない場合もあります。しかし、交渉してみるのは悪いことではありません。自分の手取りが増やせるだけでなく、会社が折半している社会保険料の負担も減らせるからです。勤務スタート前に確認してみましょう。

年収300万円と年収240万円＋退職金300万円の税額はどう変わる？

（例）60歳から65歳までの５年間働いた場合の比較

	年収300万円	年収240万円＋退職金300万円
年収	3,000,000	2,400,000
所得税	53,300	37,750
住民税	116,600	85,500
社会保険料	473,100	364,200
手取り	2,357,000	1,912,550
（税＋社会保険料）	643,000	487,450
５年間の税＋社会保険料計	3,215,000	2,437,250
退職金にかかる税金	0	75,000
税額合計	3,215,000	2,512,250

約70万円も少なくなった！

※ここでは復興特別所得税を考慮していない
※所得控除は基礎控除、社会保険料控除のみで試算

3 退職金の手取りを「最大化する」もらい方は？

退職金の受け取り方には、一時金と年金があります。

一時金で受け取る場合には、文字どおり一括でまとめて退職金を受け取れます。このとき、退職金にかかる所得税や住民税を大きく減らす「**退職所得控除**」という控除が利用できます。

退職所得控除が退職金よりも多い場合には、税金はかかりません。また、退職金が退職所得控除より多い場合には、その金額（収入金額）から退職所得控除の金額を引き、さらに2分の1をかけた金額が退職所得となります。退職所得に所定の税率をかけ、控除額を差し引くことで、所得税や住民税の金額が算出されます。

注目したいのは、退職所得控除の「**勤続年数**」です。退職所得控除の金額は勤続年数が長くなるほど多くなります。そして、20年以下か20年超かで退職所得控除の計算式が変わります。勤続年数が10年なら400万円、20年なら800万円と、毎年40万円ずつ増加しますが、21年目は870万円、30年なら1500万円、40年なら2200万円という具合に、20年超の部分は毎年70万円ずつ増加するようになっています。

勤続年数には長期間欠勤した期間や病気で休職していた期間も含むことができます。さらに、勤続年数に年未満の端数がある場合は、切り上げになります。というと、「数か月の単位も1年とカウントできてお得」と思われるかもしれませんが、それどころではありません。極端にいえば、**端数が1日でも切り上げができる**のです。

たとえば、22歳の4月1日に就職し、60歳の3月31日まで38年間ちょうど勤めて退職した場合の勤続年数は「38年」です。しかし、60歳の4月1日に退職した場合の勤続年数は、「38年と1日」ですから「39年」とカウントできるのです。**退職日が1日違うだけで退職所得控除が70万円変わる**のです。勤続年数が20年以下の場合も、同様の理由で40万円変わります。

退職金の金額が退職所得控除の金額より多い場合は、退職日をずらして勤続年数を増やせないか、会社に相談しましょう。

退職所得控除は1日違いで大違い

● 退職所得の計算式

退職所得の金額＝（収入金額－退職所得控除）× $\frac{1}{2}$

※役員に対する退職金は勤続年数が5年以下の場合1/2を適用できない
※役員以外でも勤続年数が5年以下の場合、退職所得が300万円超のときは1/2を適用できない

● 退職所得控除の計算式

勤続年数(＝A)	退職所得控除額
20年以下	40万円 ×A (80万円に満たない場合には、80万円)
20年超	800万円 ＋ 70万円 × (A - 20年)

※勤続年数の年未満の端数は切り上げ

● ちょうど38年で退職
退職所得控除
800万円＋70万円×（38年－20年）
＝2060万円まで退職金非課税

● 38年と1日で退職
退職所得控除
800万円＋70万円×（39年－20年）
＝2130万円まで退職金非課税

**退職日が1日違うだけで
非課税額が70万円変わる！**

一方、年金で受け取る場合には、10年間、15年間など、一定の年数をかけて少しずつ退職金を受け取ります。年金で受け取ると、受け取っていない部分のお金は、一定の利率（予定利率）で会社が運用してくれます。そのため、**受け取る金額の総額は年金のほうが多くなります。**

しかし、年金で受け取ると退職所得ではなく「雑所得」の扱いになるため、退職所得控除は活用できません。毎年の公的年金などの収入を合算した金額から「公的年金等控除」という控除を差し引いた雑所得に所定の税率をかけ、控除額を差し引くことで、所得税や住民税を算出します。

公的年金等控除の金額は、収入や年齢で変わります。また、公的年金等控除の収入は、会社の退職金からの年金だけでなく、公的年金やｉＤｅＣｏの年金も含めて計算しますので、控除額をオーバーする方も多いでしょう。さらに、一時金の場合にはかからなかった社会保険料も、年金で受け取る場合にはかかりますし、合計所得が多くなるほど増えていきます。

なお、一時金と年金は、併用もできます。この場合、一時金の部分には退職所得控

公的年金等控除の金額

● 雑所得の計算式

雑所得＝年金等の収入の合計－公的年金等控除額

● 公的年金等控除の計算の表

年金等の収入の合計（A）	公的年金等控除額	
	65歳未満	65歳以上
130万円以下	60万円	110万円
130万円超 ～330万円以下	（A）×25% ＋27.5万円	110万円
330万円超 ～410万円以下	（A）×25% ＋27.5万円	（A）×25% ＋27.5万円
410万円超 ～770万円以下	（A）×15% ＋68.5万円	（A）×15% ＋68.5万円
770万円超 ～1000万円以下	（A）×5% ＋145.5万円	（A）×5% ＋145.5万円
1000万円超	195.5万円	195.5万円

除、年金の部分には公的年金等控除を適用します。

では、退職金は「一時金」「年金」「一時金+年金」のどの方法で受け取るのがいいのでしょうか。ひとつ試算を紹介します。

【条件】

- **東京都文京区在住**
- **38年間勤続で退職金は2000万円**
- **60歳から64歳までは再雇用制度で勤務し協会けんぽに加入。年収300万円**
- **年金（退職年金）は10年間で受け取る（予定利率1・5％）**
- **所得からは基礎控除・社会保険料控除・所得金額調整控除のみを控除**

以上の条件で、①一時金で受け取り、②年金で受け取り、③一時金で1000万円+年金で1000万円受け取りをした場合の手取りの違いを試算すると、次のようになります。

退職金の受け取り方と手取りの違い

① 一時金で受け取り

	収入	額面合計	税金・社会保険料	手取り合計
60歳時	退職一時金2,000万円	2,000万円	なし	2,000万円
60歳～64歳	給与300万円/年×5年間	1,500万円	65万円×5年間＝325万円	1,175万円
65歳～69歳	公的年金200万円/年×5年間	1,000万円	17万円×5年間＝85万円	915万円
		4,500万円		4,090万円

手取り合計がもっとも多い！

② 年金で受け取り

	収入	額面合計	税金・社会保険料	手取り合計
60歳～64歳	給与300万円/年×5年間 退職年金215万円/年×5年間	1,500万円 1,075万円	85万円×5年間＝425万円	2,150万円
65歳～69歳	公的年金200万円/年×5年間 退職年金215万円/年×5年間	1,000万円 1,075万円	61万円×5年間＝305万円	1,770万円
		4,650万円		3,920万円

額面は多いが税金·社会保険料が高くなるので手取りは減る

③ 一時金で1000万円＋年金で1000万円受け取り

	収入	額面合計	税金・社会保険料	手取り合計
60歳時	退職一時金1,000万円	1,000万円	なし	1,000万円
60歳～64歳	給与300万円/年×5年間 退職年金108万円/年×5年間	1,500万円 540万円	70万円×5年間＝350万円	1,690万円
65歳～69歳	公的年金200万円/年×5年間 退職年金108万円/年×5年間	1,000万円 540万円	41万円×5年間＝205万円	1,335万円
		4,580万円		4,025万円

退職所得控除が使える分年金のみよりお得に

額面金額の合計は、②の年金で受け取りのケースが4650万円と、もっとも多くなります。会社でまだ受け取っていない退職金を運用してくれるため、額面金額が増えていることがわかります。

しかし、**手取りの合計は①の一時金で受け取りが4090万円と、もっとも多くなっている**のです。これは、②の場合退職金を年金受け取りにすることで毎年の収入が増え、税金や社会保険料の負担が増えてしまうためです。

③の一時金と年金の併用では、毎年の退職年金が減った分だけ税金や社会保険料が減るため、②年金形式よりも手取りが多くなっています。

なお、この試算は一例です。お住まいの自治体の社会保険料の金額や退職金・企業年金の予定利率などによって細かい数字は変わってくるので、あくまで参考にとどめておいていただければと思います。

もっとも、多少金額は違っても、一時金で受け取ったほうが手取り面で得をするケースが多いという事実は変わらないでしょう。それだけ退職所得控除の効果は大きなものがあります。とくに、退職金の額が退職所得控除より少ないならば税金はゼロですから、一時金で受け取るのがいいでしょう。

もし、退職所得控除より退職金のほうが多いならば、**退職所得控除の枠ぎりぎりまでは一時金で受け取り、残りは公的年金等控除の範囲で収まるようにして年金で受け取る**ようにすると、税額を減らすことができます。

年金で受け取る場合は、なるべく長期間かけて受け取るようにすると、毎年の年金額が少なく（＝税金や社会保険料が少なく）なります。とくに、60歳以降も働いて公的年金はまだ受け取らないという場合、60歳以降の公的年金等控除の非課税枠を退職年金の受け取りに有効活用できます。

以上は税金・社会保険料と手取りの関係から見た受け取りの考え方ですが、あえて年金で受け取ったほうがいい方もいます。それは、**無駄遣いしてしまいそうな人**です。退職金は、多くの方にとって、これまで手にしたことのない金額でしょう。まとまった金額を手にしたことで気が大きくなり、大きな買い物をしたり、これまでしたことのない投資をいきなり始めたりして、お金を失ってしまいがちなのです。退職金の運用については第3章で解説します。

退職金は派手に使うお金ではなく、老後資金として活用すべきお金です。年金で受け取ると、税金や社会保険料はかかってしまいますが、毎年安定的に受け取れるので管理がしやすく、会社の運用によって増やすこともできます。無駄遣いも減らせるでしょう。

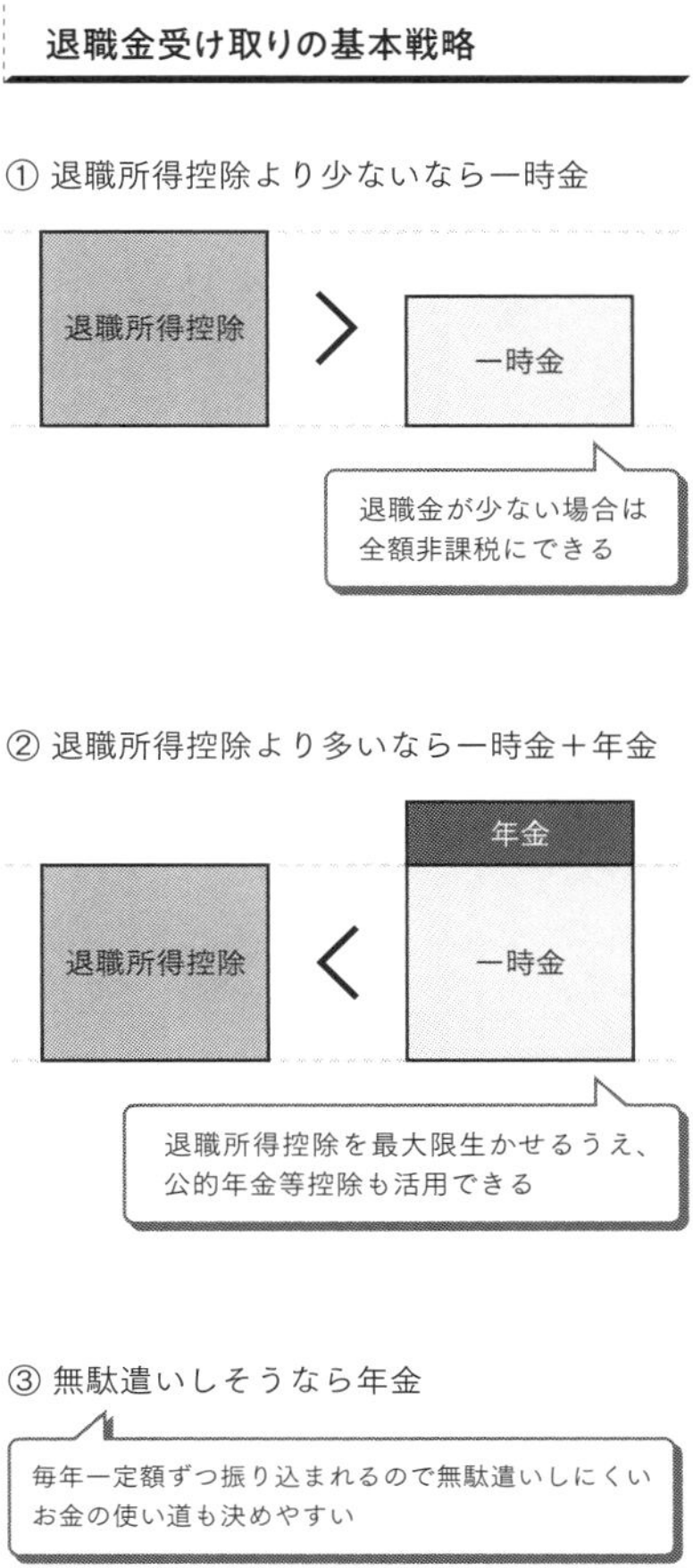

退職金受け取りの基本戦略
① 退職所得控除より少ないなら一時金
退職所得控除
一時金
退職金が少ない場合は
全額非課税にできる
② 退職所得控除より多いなら一時金＋年金
年金
退職所得控除
一時金
退職所得控除を最大限生かせるうえ、
公的年金等控除も活用できる
③ 無駄遣いしそうなら年金
毎年一定額ずつ振り込まれるので無駄遣いしにくい
お金の使い道も決めやすい

4 退職所得の受給に関する申告書を必ず提出する

退職所得控除を受けるためには、退職前に「退職所得の受給に関する申告書」を会社に提出する必要があります。

退職所得の受給に関する申告書を提出すると、退職金から退職所得控除を適用して計算された所得税や住民税が源泉徴収されます。退職金にかかる税金の手続きはこれで終了します。

一方、退職所得の受給に関する申告書を**提出しないと、退職金から20・42%の所得税が源泉徴収**されてしまいます。また、退職所得控除が適用されていないため、本来よりもずっと高額の税金が引かれてしまいます。

退職所得の受給に関する申告書を提出し、退職所得控除が適用されていれば、退職金の支払い調書に勤続年数や退職所得控除の金額が記載されます。これらの記載がなければ、退職所得控除が反映されていないというわけです。

退職所得の受給に関する申告書を出さないと？

● 退職所得の受給に関する申告書とは？

退職金を受け取る人が会社に提出する申告書。
提出すると会社で税金を源泉徴収してくれる

（例）勤続年数30年、退職金額2000万円の人が退職したときの所得税の違い

● 提出した場合

（2000万円－1500万円）× $\frac{1}{2}$ ＝250万円（退職所得）
250万円×10％－97500円＝**15万2500円（所得税額）**

● 提出しなかった場合

2000万円×20.42％＝**408万4000円（所得税額）**

税額が
大きく違う！

提出することによるデメリットはとくにないので必ず提出
提出しなかった場合は確定申告すれば税金が取り戻せる！

提出しなかった場合は確定申告をすれば納めすぎになっている税金は戻ってきますので、**忘れずに確定申告**しましょう。

なお、退職所得の受給に関する申告書を提出しても、年の途中で退職した場合は、退職するまでの給与の年末調整を受けていません。再就職した場合は、前の勤め先の源泉徴収票を新しい勤め先に提出することで、新しい勤め先が年末調整をしてくれます。

しかし、再就職していない場合は確定申告をすることで税金が戻ってくることが多くありますので、忘れずに確定申告をしましょう。

5

退職して誰もが驚くのが、「住民税」の金額

退職後に「高額な請求が来て驚いた」とよくいわれる税金に、住民税があります。住民税の金額は1月から12月までの1年間の所得をもとに計算されます。そうして決まった金額を、翌年の6月から翌々年の5月の間に支払うしくみになっています。住民税の支払いは、1年遅れなのです。ですから、定年退職した翌年に前年、つまり**現役時代の所得をもとにした住民税を支払う**必要が出てきます。

たとえば、年収800万円だった人が支払う住民税は、**約45万円**です（所得控除を基礎控除と社会保険料控除のみで試算した場合）。しかし、仮に再雇用で退職翌年の年収が半分の400万円になったとしても、約45万円を支払う必要があります。

本来、年収400万円の場合の住民税は約18万円。それなのに約45万円を支払うのは、相当な負担でしょう。それどころか、再雇用・再就職をせず、退職翌年にまった

く収入がなかったとしても、退職翌年は約45万円を支払う必要があるのです。ですから、**退職翌年の住民税のお金は、事前に確保しておく**ことが大切です。

なお、退職金にかかる住民税は例外で、退職金から天引きされます。したがって、あとから請求が来ることはありません。

退職後の住民税の納付方法は、退職する時期によって違います。

1～5月に退職した場合は、退職時に5月分までの住民税が給与や退職金から一括で徴収されます。それに対して6～12月に退職した場合は、お住まいの市区町村から送られてくる納付書を使って退職月以降の住民税を自分で支払います（普通徴収）。

普通徴収での納税は、一括または年4回（6月、8月、10月、翌年1月）の分割納付になります。

定年退職後の住民税はどうかかる？

●在職中の住民税

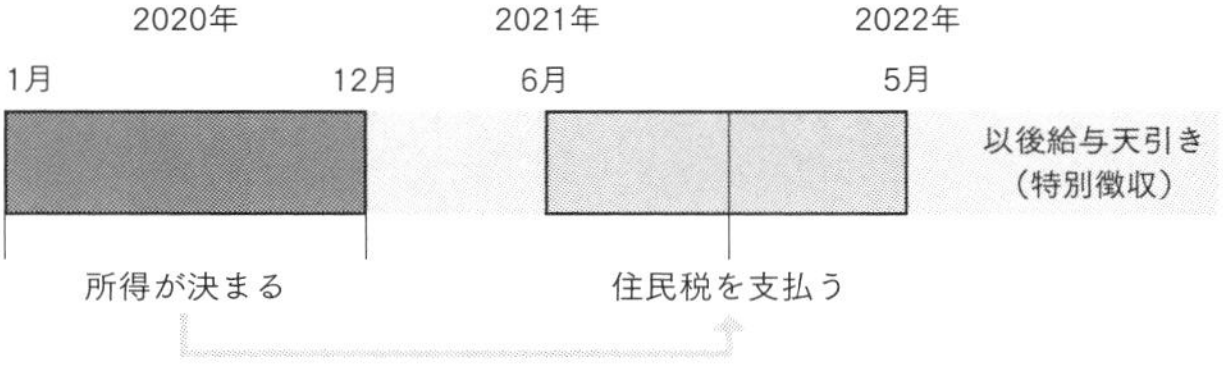

●2022年1月末に退職した場合

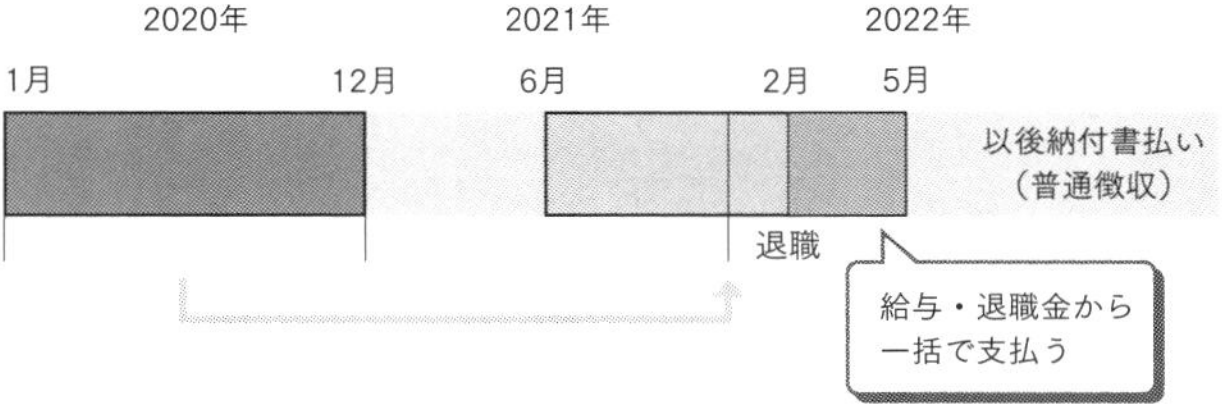

●2022年6月末に退職した場合

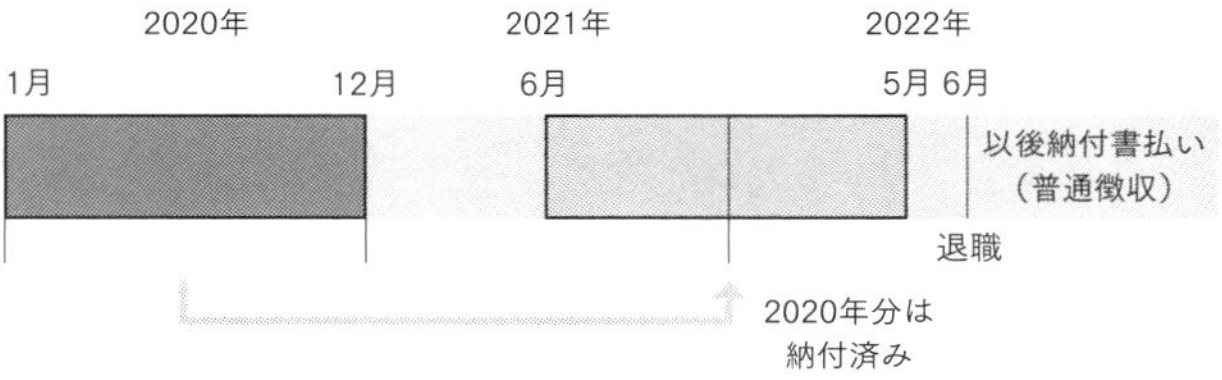

6 開業する前から使える「開業費」をチェックしておく

定年後の働き方は、会社に再雇用・再就職するだけがすべてではありません。個人事業主として開業（起業）して、自分で事業を行うのもひとつの選択肢です。

日本政策金融公庫の「２０２１年度新規開業実態調査」によると、開業者の平均年齢は年々上昇。２０２１年の開業者は**50歳代19・4％**、**60歳代7・0％**となっています。30年前の１９９１年の開業者は50歳代９・３％、60歳代２・２％だったのですから、じわじわと増加していることがわかります。定年後に開業しようという流れは、今後も順次拡大していくでしょう。

定年後に起業すれば、自分のしたいことを仕事にできます。これまでに身につけてきた能力・スキル・人脈などを生かして仕事をすることで、再雇用・再就職をしたのでは得られないような収入を手にする可能性もあります。逆に、そこまでがっつりと働いて稼ぐ必要がなければ、ほどほどに仕事をすることもできます。65歳まで、70歳までなど年齢を気にすることなく、生涯現役で働けるのもメリット。税務署に開業届を出せば「個人事業主」となりますから、それほど難しいことはありません。

一方で、最初からそう簡単に稼げる話でもありません。仕事で稼げなくても、失敗しても、責任はすべて自分でとらなければなりません。とくに事業を始めたころは、赤字になることもあります。

それでも、将来的に開業する予定ならば、その準備にかかった**領収書はすべて保存しておく**ことをおすすめします。なぜなら、開業後にすべて経費にできるからです。開業する前にかかった費用を「開業費」といいます。開業費の範囲は幅広く、開業に関係があると説明できる費用であれば、昔のものであっても認められます。そのうえ、開業費には上限がありません。

開業費は、会計の世界では「繰延《くりのべ》資産」という資産になります。繰延資産は、開業した年に一度に経費として計上することもできますし、翌年以降の好きなタイミングで自由に経費として計上することもできます。ですから、開業したてでまだ儲かっていないときは経費として計上せず、**儲けが大きくなった2年目や3年目に経費として計上することで、節税ができる**、というわけです。

開業費として認められる費用の例

○ 開業費にできる費用	× 開業費にできない費用
・開業に関するセミナーの受講費用	・商品の仕入れ代金
・開業に関連する飲食費	・10万円以上のもの
・開業関係の本や資料の代金	・敷金・礼金　など
・交通費、旅費、ガソリン代、通信費	
・システム利用費	
・名刺や印鑑などの作成費	
・本や資料の代金　など	

開業に関わっていれば
何年前のものでもOK！
領収書を必ず保存しよう

開業費は黒字のときに計上する

(例) 1年目赤字・2年目収支トントン・3年目黒字となったとき

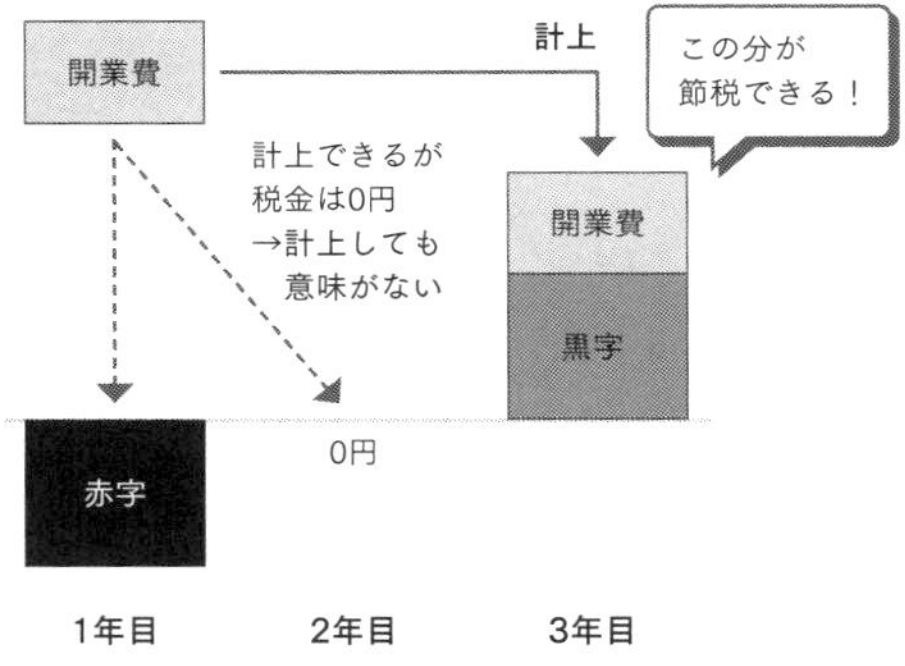

7 60歳未満で「働くのをやめる」なら、国民年金に加入する

国民年金は20歳から60歳までの40年間（480か月）加入し、毎月国民年金保険料を支払う義務があります。会社員として働いている場合には、給与から天引きされる厚生年金保険料に国民年金保険料も含まれているため、問題なく支払っています。

しかし、60歳未満で会社を辞めて働かない（無職）場合には、国民年金の第1号被保険者となり、自分で国民年金に加入して国民年金保険料を納める必要があります。なお、第1号被保険者は自営業者やフリーランスとその家族、学生なども該当します。

国民年金への加入の手続きは、お住まいの市区町村の役所・役場に「年金資格取得届」を提出して行います。年金手帳・本人確認書類・マイナンバーカードなどを持参して手続きしましょう。原則として**退職後14日以内に手続きが必要**です。

第1号被保険者が負担する国民年金保険料は**月1万6590円**（2022年度）で

す。おおよそ年20万円ほど負担する必要があります。

国民年金保険料の支払いは「義務」です。未納にすると、将来受け取れる年金が減るだけでなく、障害年金や遺族年金がもらえなくなったり、最悪の場合は財産が差し押さえられたりすることもありますので、必ず支払いましょう。

なお将来、国民年金を受け取るには10年（120か月）以上の国民年金保険料の支払いが必要です。

また、配偶者が会社員や公務員（第2号被保険者）の場合は、その配偶者の扶養に入る（被扶養者になる）ことも可能です。これを第3号被保険者といいます。第3号被保険者の保険料は、第2号被保険者が負担するので、かかりません。

扶養に入る条件は、年間収入（被扶養者となる年の年間の見込み収入）が130万円未満（20歳以上60歳未満）で、配偶者の収入の半分未満（同居の場合）であることです。なお、第3号被保険者となる手続きは、配偶者の勤め先で行います。

国民年金保険料の支払いが厳しい場合は、条件を満たせば手続きをすることで**保険**

料支払いの免除・猶予を受けることができます。

免除や猶予を受けた期間は、年金の受給資格期間に含まれるうえ、免除の場合は保険料を支払ったときほどではないものの、もらえる年金額が増加します。

50歳以上の方の場合、納付猶予制度は利用できません。しかし、他の制度は利用できる可能性があります。詳しくはお住まいの市区町村にご相談ください。

免除や猶予を受けた月の保険料は、10年以内ならばあとから納付（追納）できます。追納すれば、本来保険料を納めた場合と同じ金額の国民年金が受け取れます。ただし、**3年を超えて追納すると、保険料に一定の加算額がプラスされる**ので、できれば2年以内に追納しましょう。

なお、免除や猶予を受けていない場合、追納できるのは2年以内です。この場合も追納すれば本来と同じ金額の国民年金が受け取れます。

25ページで紹介したように、もしも20歳から60歳までの間に未納があった場合には、その分受け取れる国民年金の金額は少なくなってしまいます。実際、国民年金保険料に未納がある方は、意外と多いものです。

たとえば、「学生納付特例制度」は、20歳を迎えた大学生などが申請し、卒業まで国民年金保険料の支払いを猶予してもらう制度です。しかし、この制度はあくまで「猶予」ですから、10年以内に国民年金保険料を納める必要があります。この国民年金保険料を納めていない場合は、2～3年程度未納期間があるということです。59歳時点で届くねんきん定期便やねんきんネットを見て、国民年金保険料の未納期間がないかを確認しましょう。

もしも、過去2年（免除・猶予の申請をしている場合は過去10年）より前に未納がある場合は、年金の追納ができないため、その分国民年金が減ってしまいます。仮に**1年間未納があれば、65歳から受け取れる年金額は年約2万円も減ってしまう**のです。

これを防ぐ制度に、**国民年金の任意加入**があります。任意加入は、60歳以上65歳未満の方が自分で国民年金保険料を支払うことで、国民年金の加入期間を増やすことができる制度です（厚生年金・共済組合加入者は除く）。

加入期間は**最長で480か月まで増やせます**。480か月に達すれば満額の国民年金が受け取れますし、たとえ480か月に達しなかったとしても、加入期間を5年

国民年金基金と付加年金

国民年金基金	
自営業・フリーランスで働いている人が国民年金に上乗せして年金を受け取れる制度。毎月掛金を納めることで、会社員・公務員の厚生年金にあたる年金を用意できる。掛け金全額が所得控除。	
対象	国民年金第1号被保険者
掛金	月額最大6万8,000円
受取額	月額1万～2万 （50歳までに1口加入時）
備考	付加年金と併用できない iDeCoと掛金枠を共有

付加年金	
国民年金保険料に月400円上乗せするだけで、65歳からの老齢基礎年金に200円×納付月数の金額がプラス。付加年金保険料を2年で回収でき、その後は年金をもらうほどお得になる制度。掛け金全額が所得控除。	
対象	国民年金第1号被保険者
掛金	月額400円
受取額	200円×付加年金保険料納付月数
備考	国民年金基金と併用できない

（60か月）増やせれば単純計算で年10万円ほど国民年金額が増えます。

なお、国民年金の任意加入をしているならば、**iDeCoも最長65歳まで掛金を出して運用を続けることが可能**。さらに国民年金基金や付加年金といった、もらえる年金額を上乗せする制度も活用できます。それらをできるだけ活用することで、老後の年金額を増やせるでしょう。

8 会社員として再就職する意欲があれば、失業手当がもらえる

定年退職後に再就職したいものの、退職時点ではまだ仕事が決まっていないこともあるかもしれません。そんなときは、**雇用保険の手続き**をすることで失業手当（雇用保険の失業等給付の基本手当）を受け取ることができます。

失業手当を受け取るには、**ハローワーク（公共職業安定所）で求職の申し込み**が必要です。

失業手当は新しい仕事を見つけて再就職してもらうために支給される手当なので、退職後にしばらく休もうと考えている人や、仕事を探さない人は受け取ることができません。ハローワークで仕事を探し、就職活動をする必要もあります。

ハローワークでの手続きに必要なのが、**雇用保険被保険者証と離職票**（雇用保険被保険者離職票）です。雇用保険被保険者証は、多くの場合会社に保管されていて、退

職すると返してもらえます。また離職票には「離職票－1」と「離職票－2」の2種類があります。離職票は、退職から10日程度で退職した会社から届きます。退職する前に、**いつごろ離職票がもらえそうかを会社に確認**しておきましょう。

離職票が届いたら、お住まいの地域のハローワークにいき、求職の申し込みをします。求職申込書に必要事項を記入し、離職票－1と離職票－2、マイナンバーや身元の確認書類などを提出します。写真や印鑑、預金通帳（またはキャッシュカード）も必要になるので、忘れずに持っていきましょう。

失業手当の受給資格があると確認されたら、後日雇用保険の受給説明会に参加し、雇用保険制度の説明を受けます。その際、第1回の**失業認定日**も通知されます。

失業認定日とは、ハローワークから「失業している」と認定される日のことです。原則4週間に1度あります。この日までに求職活動を行いつつ、失業認定日にはハローワークに足を運び、失業の認定を受ける必要があります。

失業の認定を受けると、後日指定した口座に失業手当が振り込まれます。

失業手当でもらえる金額は、退職前6か月の賃金合計を180で割った「賃金日額」に、所定の給付率をかけた金額（基本手当日額）です。この基本手当日額に、雇用保険の被保険者期間に応じた所定給付日数をかけた金額が、失業手当の合計額です。

なお、退職後に同じ会社に再雇用される場合は、雇用保険の手続きは必要ありません。再雇用後の給与が60歳到達時の75％未満に減る場合には「**高年齢雇用継続基本給付金**」（→第1章で解説）が受け取れるため、その手続きが必要になりますが、会社がしてくれます。

失業手当、いくらもらえる？

● 60〜64歳の基本手当日額

賃金日額（w円）※1	給付率	基本手当日額（y円）
2,577円以上4,970円未満	80%	2,061円〜3,975円
4,970円以上11,000円以下	80%〜45%	3,976円〜4,950円 ※2
11,000円超15,770円以下	45%	4,950円〜7,096円
15,770円(上限額)超	—	7,096円(上限額)

※1　退職前6か月の賃金合計を180で割った金額

※2　y＝0.8w－0.35｛(w－4,970)／6,030｝w、y＝0.05w＋4,400　のいずれか低い方の額

● 失業手当の給付日数

被保険者期間	1年未満	1年以上 10年未満	10年以上 20年未満	20年以上
所定給付日数	—	90日	120日	150日

（例）賃金日額1万2000円・雇用保険の被保険者期間20年以上の方の失業手当額

1万2000円×45％＝5400円（基本手当日額）

5400円×150日分＝81万円

合計で81万円が受け取れる！

9 ねんきん定期便に「誤り」がないか、しっかり確認

年金に関する業務を担う日本年金機構では、年金の事務処理で発生した誤りを公表しています。2021年9月に公表された「事務処理誤り等（令和2年4月分～令和3年3月分）の年次公表について」によると、2020年度は**事務処理の誤りが1601件**あったと報告されています。そのうち約半数にあたる797件が「金額に影響のあった誤り」で、未払いが401件。合計約6億円の年金が正しく支払われていませんでした。

国民の約3割、約4000万人が年金受給者と考えれば、誤りの数はそれほど多くないといえるかもしれませんが、万が一年金の記録に誤りがあって受け取ることができなかったら大変です。よって、ねんきん定期便が間違っていないか必ず確認しましょう。

とくに「**転職した**（何度もしている場合はとくに）」「**結婚・離婚で苗字が変わった**」「**名前の読み方が複数ある**」場合には誤りが発生している可能性があります。念入り

にチェックしてください。

97ページの図は50歳以降にハガキで届くねんきん定期便のものですが、59歳時点の封書のねんきん定期便、ねんきんネットでもチェックポイントは同様です。次の内容を確認しましょう。

①これまでの保険料納付額（累計額）

年金保険料の納付額をチェックしましょう。ここに記載される金額は、国民年金保険料（第1被保険者）と厚生年金保険料（第2被保険者）の合計額です。厚生年金保険料については、普段は会社と折半して支払っていますが、記載されるのは自分で負担した分だけです。

毎年正しい金額が記載されているかを調べるのは大変ですが、毎年増えているかを見るくらいであれば、問題なくできるでしょう。万が一「前年と変わっていない」ということがあれば、何らかの漏れや誤りがあると考えられます。

②加入履歴

「最近の月別状況」の欄に、この1年の年金の納付状況や納付額が記載されます。1

年間の状況に間違いがないかを確認しましょう。

また、59歳のときに封書で届くねんきん定期便の場合は、これまでのすべての加入状況が記載されるので、間違いがないかを必ず確認しましょう。ねんきんネットでも、これまでのすべての加入状況を確認できます。

③これまでの年金加入期間

国民年金、厚生年金、船員保険、合算対象期間など、これまでの年金加入期間の月数が表示されています。これらの期間を合計した受給資格期間が120か月（10年）以上になると、原則として65歳から老齢年金を受け取れます。

こちらも、きちんと加入しているにもかかわらず、月数が増えていない、あるいは少ないという場合には、その理由を確認してみましょう。

④老齢年金の種類と見込額

50歳以上のねんきん定期便には「60歳まで加入した場合の年金額の目安」が書かれています。60歳まで国民年金に加入し、65歳から年金を受給した場合の1年間の受取

ねんきん定期便を詳しくチェック

（表）

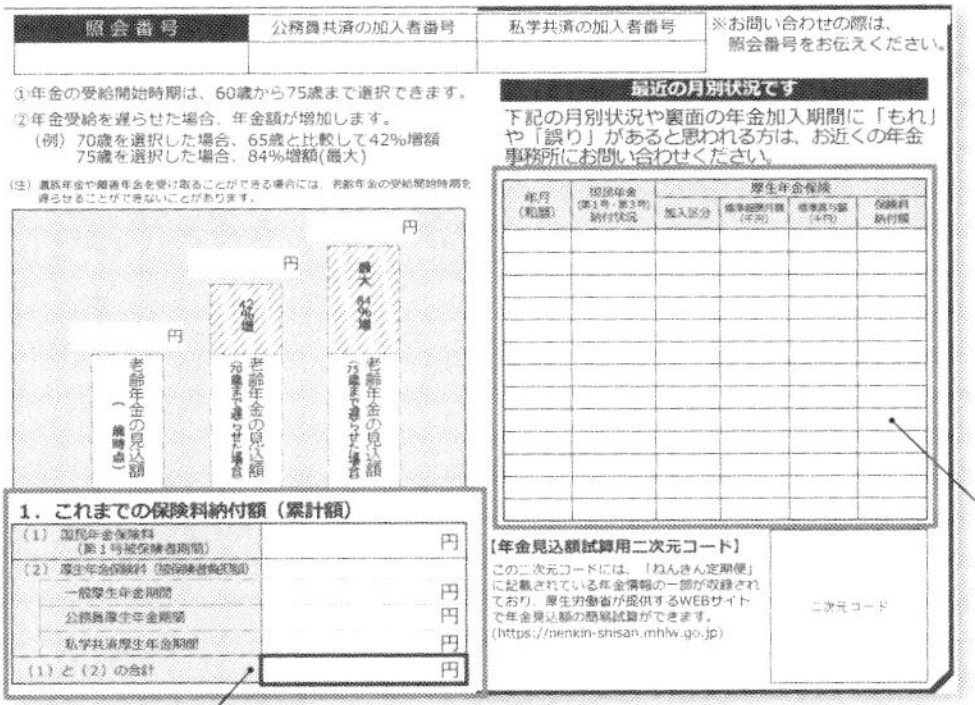
照会番号 | 公務員共済の加入者番号 | 私学共済の加入者番号
※お問い合わせの際は、照会番号をお伝えください。

①年金の受給開始時期は、60歳から75歳まで選択できます。
②年金受給を遅らせた場合、年金額が増加します。
（例）70歳を選択した場合、65歳と比較して42%増額
75歳を選択した場合、84%増額(最大)

最近の月別状況です
下記の月別状況や裏面の年金加入期間に「もれ」や「誤り」があると思われる方は、お近くの年金事務所にお問い合わせください。

年月（和暦）	国民年金（第1号・第3号）納付状況	厚生年金保険 加入区分	標準報酬月額（千円）	標準賞与額（千円）	保険料納付額

老齢年金の見込額（　歳時点）　円
老齢年金の見込額（70歳まで遅らせた場合）42%増　円
老齢年金の見込額（75歳まで遅らせた場合）最大84%増　円

1．これまでの保険料納付額（累計額）

（1）国民年金保険料（第1号被保険者期間）	円
（2）厚生年金保険料（被保険者負担額）	
一般厚生年金期間	円
公務員厚生年金期間	円
私学共済厚生年金期間	円
（1）と（2）の合計	円

【年金見込額試算用二次元コード】

この二次元コードには、「ねんきん定期便」に記載されている年金情報の一部が収録されており、厚生労働省が提供するWEBサイトで年金見込額の簡易試算ができます。

(https://nenkin-shisan.mhlw.go.jp)

二次元コード

②最近の
加入履歴

①これまでの保険料
納付額（累計額）

③これまでの
年金加入期間

（裏）

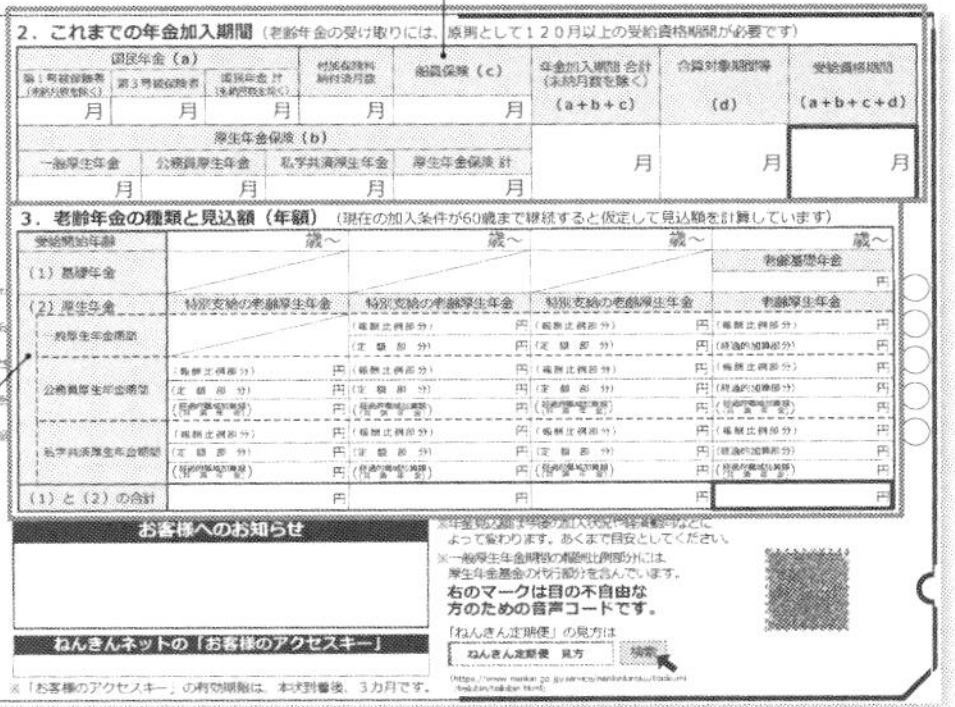
2．これまでの年金加入期間（老齢年金の受け取りには、原則として120月以上の受給資格期間が必要です）

国民年金（a） 第1号被保険者（未納月数を除く）	第3号被保険者	国民年金 計（未納月数を除く）	付加保険料納付済月数	船員保険（c）	年金加入期間 合計（未納月数を除く）（a+b+c）	合算対象期間等（d）	受給資格期間（a+b+c+d）
月	月	月	月	月	月	月	月

厚生年金保険（b） 一般厚生年金	公務員厚生年金	私学共済厚生年金	厚生年金保険 計
月	月	月	月

3．老齢年金の種類と見込額（年額）（現在の加入条件が60歳まで継続すると仮定して見込額を計算しています）

受給開始年齢	歳～	歳～	歳～	歳～
（1）基礎年金				老齢基礎年金 円
（2）厚生年金	特別支給の老齢厚生年金	特別支給の老齢厚生年金	特別支給の老齢厚生年金	老齢厚生年金
一般厚生年金期間		（報酬比例部分）円 （定額部分）円	（報酬比例部分）円 （定額部分）円	（報酬比例部分）円 （経過的加算部分）円
公務員厚生年金期間	（報酬比例部分）円 （定額部分）円 （経過的職域加算額（共済年金））円	（報酬比例部分）円 （定額部分）円 （経過的職域加算額（共済年金））円	（報酬比例部分）円 （定額部分）円 （経過的職域加算額（共済年金））円	（報酬比例部分）円 （経過的加算部分）円 （経過的職域加算額（共済年金））円
私学共済厚生年金期間	（報酬比例部分）円 （定額部分）円 （経過的職域加算額（共済年金））円	（報酬比例部分）円 （定額部分）円 （経過的職域加算額（共済年金））円	（報酬比例部分）円 （定額部分）円 （経過的職域加算額（共済年金））円	（報酬比例部分）円 （経過的加算部分）円 （経過的職域加算額（共済年金））円
（1）と（2）の合計	円	円	円	円

お客様へのお知らせ

ねんきんネットの「お客様のアクセスキー」
※「お客様のアクセスキー」の有効期限は、本状到着後、3カ月です。

※年金見込額は今後の加入状況や経済情勢などによって変わります。あくまで目安としてください。
※一般厚生年金期間の報酬比例部分には、厚生年金基金の代行部分を含んでいます。
右のマークは目の不自由な方のための音声コードです。

「ねんきん定期便」の見方は　ねんきん定期便 見方　検索

④老齢年金の種類
と見込額

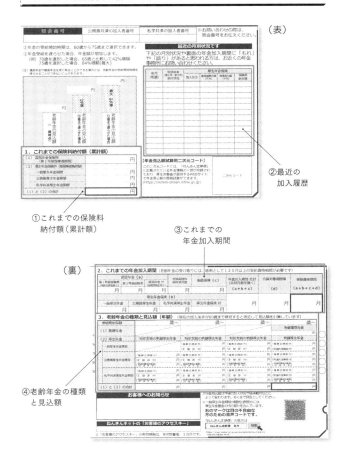

見込額がわかります。

２０２１年度（令和3年度）の送付分からは、老齢厚生年金の金額は「厚生年金基金」の代行部分の金額を含めて表示されるようになりました。そのため、厚生年金基金に加入している方は、前年分より金額が増えていることがあります。

また、１９６１年4月1日以前に生まれた男性と、１９６６年4月1日以前に生まれた女性は、**特別支給の老齢厚生年金**がもらえる場合があります。特別支給の老齢厚生年金は、年金の繰り上げ受給・繰り下げ受給とは何の関係もありません。繰り上げても減りませんし、繰り下げても増えません。65歳以前の年齢と金額が記載されていたら受け取れますので、忘れずに手続きしましょう。

以上の欄を見て、もし誤りや漏れ、疑問点があったら、お住まいの近くの年金事務所や年金相談センターに確認してください。封書版のねんきん定期便には「**年金加入記録回答表**」が同封されています。誤りや漏れがある場合は記載して返送しましょう。

10 「年金は何歳から受け取るのがトクなのか」は、こう考える

国民年金・厚生年金の受給開始は原則65歳ですが、希望すれば60〜75歳の間で受け取りを開始することができます。60〜64歳で受け取りを開始することを繰り上げ受給、66〜75歳で受け取りを開始することを繰り下げ受給といいます。

繰り上げ受給・繰り下げ受給は**1か月単位で選択できます。**

60〜64歳11か月までの繰り上げ受給では、1か月早めると0・4%ずつ受給率が減り、**60歳まで年金の受給開始を早めると受給率は76%（24%減額）**となります。

一方、66〜75歳までの繰り下げ受給では、1か月遅らせるごとに0・7%ずつ受給率が増え、**75歳まで遅らせると受給率は184%（84%増額）**となります。

たとえば、65歳で年金を月15万円（年180万円）もらえる人が60歳まで年金を繰り上げ受給すると、年金額は24%減って**月11・4万円（年136・8万円）**に。反対

に、75歳まで年金を繰り下げると、年金額は84%増えて**月27・6万円（年331・2万円）**になります。

なお、繰り上げ受給は国民年金・厚生年金セットで同時に行うしくみ。片方だけ繰り上げることはできません。それに対して**繰り下げ受給は、国民年金だけ・厚生年金だけという具合に、別々に繰り下げることができます。**

つまり、早く受け取るほど毎年の受取額は減り、遅く受け取るほど毎年の受取額は増える、というわけです。

また、年金は一度受け取りを開始すると、その受給率が一生続きます。60歳で繰り上げ受給をすると、生涯24%減額された年金を受け取ることになります。逆に75歳で繰り下げ受給をすると、生涯84%増額された年金を受け取ることになります。したがって、**何歳まで生きるかによって、年金の「損益分岐点」が変わってくる**ことになります。

繰り上げ・繰り下げ受給の受給率・受給額と損益分岐点

	年齢	受給率	年金受給額（65歳＝180万円と仮定）	損益分岐点（65歳と比較）
繰り上げ受給	60歳	76.0%	136.8万円	80歳未満
	61歳	80.8%	145.4万円	81歳未満
	62歳	85.6%	154.1万円	82歳未満
	63歳	90.4%	162.7万円	83歳未満
	64歳	95.2%	171.4万円	84歳未満
	65歳	100.0%	180万円	ー
繰り下げ受給	66歳	108.4%	195.1万円	77歳以上
	67歳	116.8%	210.2万円	78歳以上
	68歳	125.2%	225.4万円	79歳以上
	69歳	133.6%	240.5万円	80歳以上
	70歳	142.0%	255.6万円	81歳以上
	71歳	150.4%	270.7万円	82歳以上
	72歳	158.8%	285.8万円	83歳以上
	73歳	167.2%	301万円	84歳以上
	74歳	175.6%	316.1万円	85歳以上
	75歳	184.0%	331.2万円	86歳以上

前ページの表には、損益分岐点となる年齢の目安も記載しました。年金の受取額がいくらでも、この目安は変わりません。たとえば、60歳で繰り上げ受給をしたとき、80歳未満で亡くなった場合は65歳受給より得になることを表します。逆に75歳まで繰り下げ受給をしたときは、86歳以上まで生きれば65歳受給より得になる、というわけです。

男性は半数が85歳、女性は半数が90歳まで生きる時代だと紹介しました。しかも、日本人の寿命は、これからも延び続けるでしょう。その観点から考えると、なるべく長い間繰り下げ受給を行い、受け取れる年金額を増やしたほうがいいといえるでしょう。

もちろん、年金の繰り下げを行っているときに、不測の事態が起きてまとまったお金が必要になることもあるでしょう。その場合は、**それまで受け取ってこなかった年金を最大5年分さかのぼって一括で受給できます。**

たとえば、65歳以降年金を繰り下げている（繰り下げ待機している）ときに、68歳時点でまとまったお金が必要になったとします。この場合、65〜68歳までの3年分の年金を一括で受け取り、以後は65歳時点の年金額と同額を受け取ることができます。

年金受け取りの選択肢

（例1）65歳から繰り下げ待機、68歳時点で受け取る方法

① 68歳から年金で受け取る

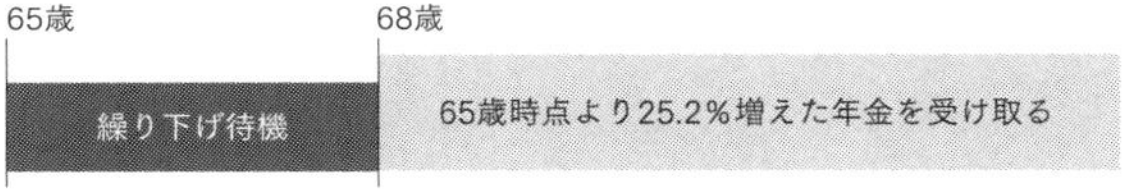

② 65歳～68歳までの年金をさかのぼって一括受給する

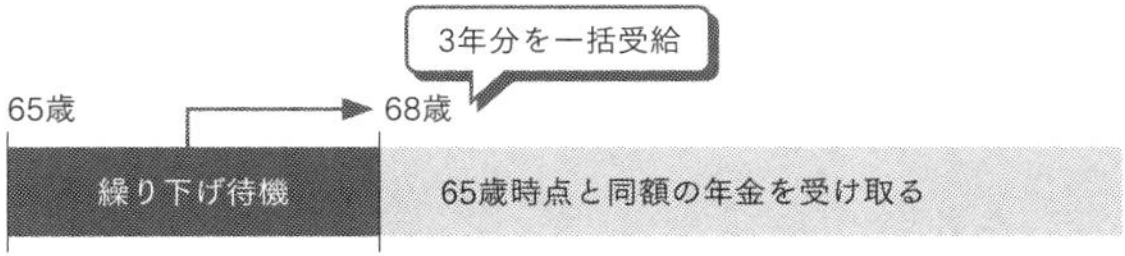

（例2）65歳から繰り下げ待機、72歳時点で受け取る方法

① 72歳から年金で受け取る

② 67歳から72歳までの年金をさかのぼって一括受給する

● 2023年3月まで

● 2023年4月以降

また、72歳時点でこの一括受け取りをする場合、現状は67〜72歳までの5年分の年金を受け取り、以後は65歳時点の年金額と同額を受け取るルール（65歳・66歳の年金は時効を迎えてしまうため、受け取れない）なのですが、２０２３年4月以降は65歳・66歳の間は繰り下げ受給をしていたとみなされ、以後受け取れる年金額が67歳時点のものになります。

ただし、繰り下げ待機中に亡くなった場合、**遺族が請求できる年金（未支給年金）は過去5年分**となります。72歳時点で亡くなり、遺族が速やかに請求したとしても、受け取れる年金は67〜72歳までの5年分。65〜67歳までの2年分は時効となり受け取れません。

年金の繰り下げ受給はあらかじめいつまでと決めておく必要はありません。基本的に繰り下げ待機をしておいて、とくに何もなければ繰り下げを続け、もしものときには一括で受け取るという具合に、自分に都合よく活用することをおすすめします。

11 働きながら年金をもらうと、年金額が減ることが！

60歳以降、厚生年金に加入して働きながら受け取る厚生年金を「**在職老齢年金**」といいます。在職老齢年金で受け取れる金額は、月の年金額と給与（厳密には、年金の基本月額と給与の総報酬月額相当額）の合計額によっては減額されたり、全額支給停止されたりします。

在職老齢年金の対象になるのは、60歳以降に受け取る厚生年金と、60歳から64歳までの間に受け取れる場合がある特別支給の老齢厚生年金です。**60歳以降、月の厚生年金額と給与の合計が47万円超になると年金の一部がカット**されます。

たとえば、65歳で年金額が月10万円、給与が41万円だとしたら、毎月の年金額が月2万円減り、年金支給額が月8万円に。給与と合わせて月の収入は49万円になってしまいます。

さらに、給与が月57万円まで増えると、年金が全額停止されてしまいます。また、60代前半で加給年金（183ページで解説）を受け取っている場合は、年金が全額停止になると加給年金も全額停止になります。

したがって、年金を全額受け取るには、年金と給与の合計を47万円までに抑える必要があるということです。年金を受け取りながら働くと47万円を超えてしまいそうという場合には、働き方をセーブすることも検討しましょう。

なお、国民年金（老齢基礎年金）は在職老齢年金の対象ではありません。ですから、**働いている間は国民年金だけ受給して、厚生年金を繰り下げる**ようにするのもひとつの手です。国民年金＋給与が47万円を超えたとしても、年金はカットされません。

在職老齢年金の計算式

判定条件		減額される金額（年額）
基本月額＋総報酬月額相当額	47万円以下	全額支給（減額なし）
	47万円超	（基本月額＋総報酬月額相当額－47万円）÷2×12

- 基本月額
  …加給年金額を除いた老齢厚生（退職共済）年金（報酬比例部分）の月額（≒年金額）

- 総報酬月額相当額
  …（その月の標準報酬月額）＋（その月以前1年間の標準賞与額の合計）÷12（≒給与）

（例）65歳で年金額が月10万円、給与が41万円のときに減額される年金額

（年金の支給停止月額）（10万円＋41万円－47万円）÷2＝**2万円**

（年金の支給停止年額）2万円×12＝**24万円**

↓

・毎月の収入はどうなる？

（年金額）10万円－**2万円**＝8万円

（給与）41万円

→41万円＋8万円＝**49万円**

本来51万円のはずなのに
年金が減って49万円に！

12 病気と介護にかかるお金を試算しておこう

厚生労働省のデータによると、一人あたりの生涯医療費はおよそ2800万円となっています。そして、そのうち50％は70歳未満、もう50％は70歳以上でかかっていることがわかります。つまり、**70歳以上の医療費は約1400万円**だとわかります。

高齢になると、病院や薬局のお世話になることが増えます。入院・退院を繰り返したり、治療に時間がかかったりするのは高齢者、というイメージを持っている方も多いのではないでしょうか。

もっとも、健康保険が利用できるため、年齢や所得によって異なりますが、実際にはかかった医療費の1~3割の負担で済みます。さらに、毎月の医療費が自己負担の上限を超えた場合は、高額療養費制度（268ページで解説）によってその超えた分が戻ってきます。ただし、入院時の食事代や差額ベッド代、保険適用外の医療にかかる費用は全額自己負担となります。

生涯にかかる医療費は？

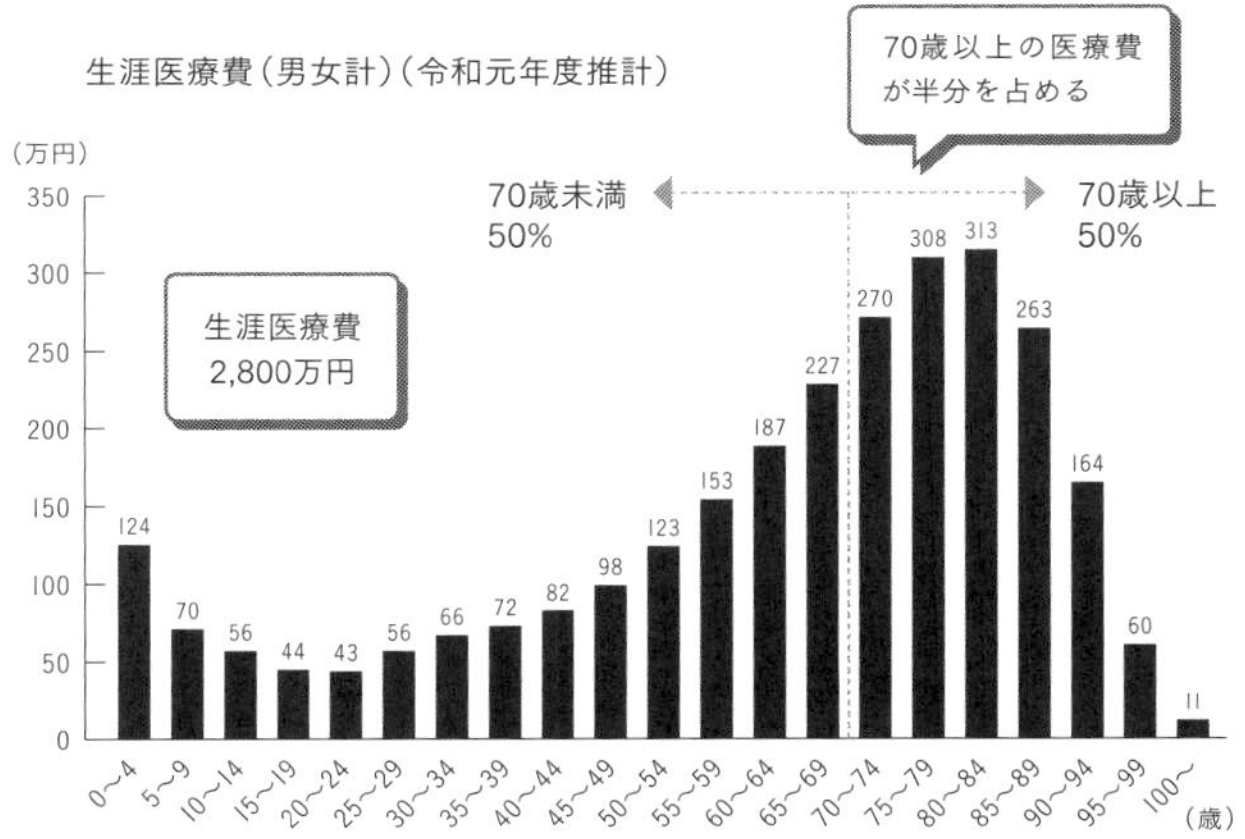

＊厚生労働省「医療保険に関する基礎資料（令和元年度）」年次報告より作成

また将来、自分の介護の前に、**親の介護**をする必要が出てくる場合もあるでしょう。生命保険文化センター「生命保険に関する全国実態調査」（2021年度）によると、介護費用の平均は、**一時費用として74万円、毎月の費用として8・3万円**となっています。平均的な介護期間は5年1か月ですので、**合計約580万円**かかる計算になります。

しかし、親の介護の費用は親の収入・資産から出すこともできるでしょう。介護費用も介護保険によって1～3割の負担で済みます。さらに、介護費用が高額になった場合は「高額介護（予防）サービス費」や「高額医療・高額介護合算制度」といった制度を利用することで抑えることができます。このあたりの制度は第4章で解説します。

病気になったり、介護が必要になったりした際に保険金が受け取れる民間の医療保険や介護保険もありますが、**公的な医療保険や介護保険は意外と充実している**ことがわかるでしょう。確かに、医療費や介護費でお金はかかりますが、一度に支払うお金はそれほど高額にはなりません。普段から貯蓄をきちんとしていれば、十分まかなえる金額といえます。

それに、民間の介護保険の場合、たとえば「基本的に要介護2以上で保険金が受け取れる」とあっても、保険会社独自の基準を満たさない場合には保険金が受け取れない場合があります。

介護に備えて加入した介護保険が利用できないのでは、意味がありません。**「今から急いで、民間の医療保険や介護保険に加入する」のはいっさい不要、**というのが筆者の考えです。

13 住宅ローンが残っていたら、退職金で一括返済すべきか？

定年後も住宅ローンが残っている場合、収入が減るにもかかわらず毎月のローンの返済が続くことになります。一般的には「定年前までに住宅ローンを完済したほうがいい」とされていますので、退職金で一括返済すべきと考える人もいることでしょう。

確かに、住宅ローン返済額は毎月の支出全体の3割前後など、大きな割合を占めているでしょう。住宅ローンの返済を終わらせてしまえば、以後はその支出分が浮きますし、支払う利息もなくなります。また、**変動金利で住宅ローンを借りている人が一括返済したら、今後金利が上昇したとしても、利息の心配がなくなります。**

一方で、退職金を使って一括返済すると、手元の資金が減ってしまいます。住宅ローンは完済したものの、資金が少なくなってしまうようでは、老後の生活や万が一の際に問題が生じる可能性もあるのです。そもそも、**住宅ローンは他のローンに比べてずっと低い金利で借りられるローン**です。その返済をしてお金が少なくなったがために、他の金利の高いローンを借りるようでは本末転倒です。

このように考えると、みなさんが借りている住宅ローンの金利が高い場合や、手元の資金が潤沢な場合は、一括返済をしてもいいかもしれません。また、変動金利で借りている場合、今後金利が上昇する局面を迎えたら返済するというのもひとつの考え方でしょう。

しかし、そもそもみなさんが借りている住宅ローンの金利が低い場合や、住宅ローンの借り換えで金利が下げられた場合、手元の資金が潤沢でない場合などは、むしろ**一括返済をせずに退職金は資産運用に回す**ほうが断然いいでしょう。ＮＩＳＡへの投資に回すなど、投資信託や株などの資産でお金を増やすことを目指します。退職金の運用は第3章で詳しく解説します。

最近の住宅ローンの金利は、変動金利で０・４％前後、固定金利でも１％前後ととても低くなっています。仮に**金利１％の住宅ローンを一括返済しても、得られる利息の圧縮効果は１％**です。しかし、そのお金で投資信託へ投資を行い、年３％で増やす

住宅ローンをなくすより運用しよう

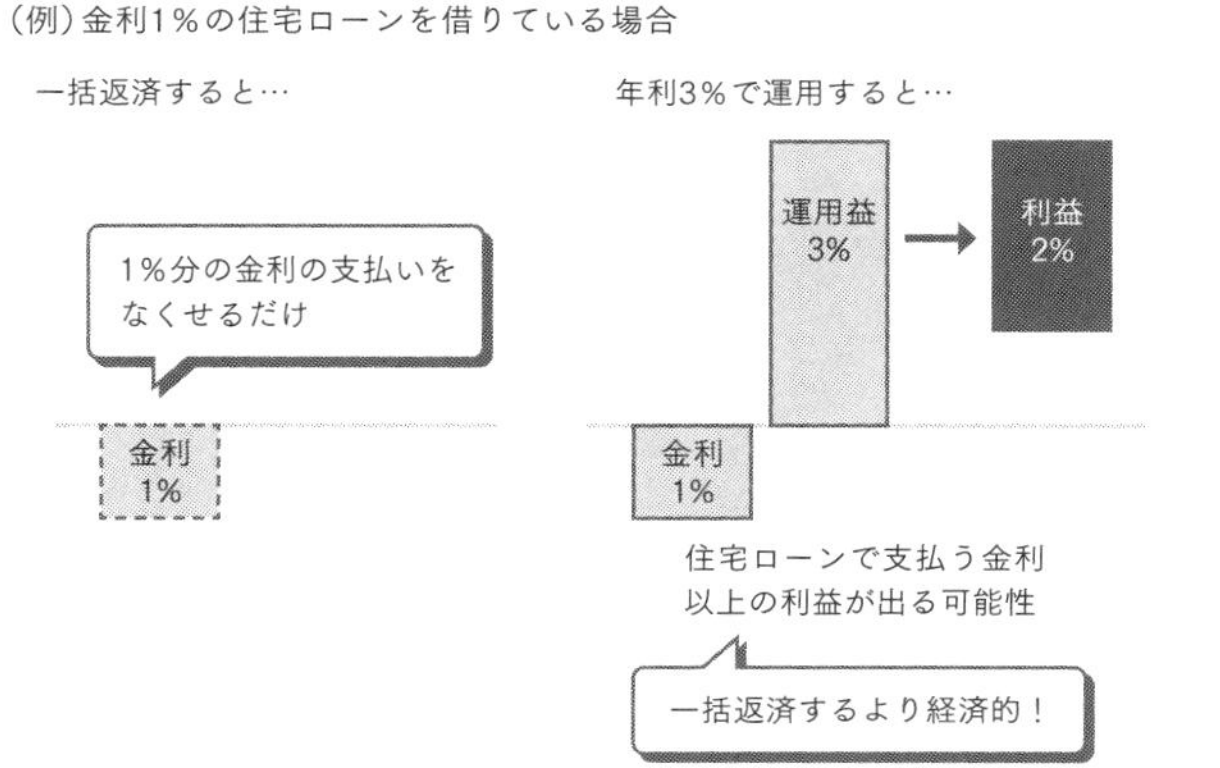
(例)金利1%の住宅ローンを借りている場合
一括返済すると…
1%分の金利の支払いをなくせるだけ
金利1%
年利3%で運用すると…
運用益3%
利益2%
金利1%
住宅ローンで支払う金利以上の利益が出る可能性
一括返済するより経済的!

ことができたら、住宅ローンで利息を年1%支払ったとしても、差し引き2%ずつお金を増やすことができます。

もちろん、資産運用に元本保証はありません。しかし、世界の経済成長率はおおよそ平均3〜4%で推移していることを考えると、世界経済の成長に合わせて成長する投資信託に投資をすれば、決して無理な数字ではないと考えます。

金利の低い今、住宅ローンの残債があっても退職金で一括返済することはおすすめしません。返済するならば、むしろ運用に回して、お金を増やすことを考えましょう。

ところで、住宅ローンを借りてリフォー

ムを行った場合でも、**住宅ローン控除**を利用できます。２０２２～２０２５年に居住を開始した場合、年末のローン残高（上限２０００万円）の０・７％が10年間にわたって控除可能。10年間通じてローン残高が２０００万円以上だった場合、最大で１４０万円控除できることになります。

なお、自宅のバリアフリー・省エネ・耐震性能などをアップさせる「特定の改修工事」を自己資金で行った場合にも10％の控除を受けられます（２０２２年または２０２３年に入居）。**耐震リフォーム・省エネリフォームは費用の上限２５０万円、バリアフリーリフォームは費用の上限２００万円**などとなっています。よって、特定の改修工事であれば、一部の退職金を使うのは問題ないでしょう。

介護保険の「**高齢者住宅改修費用助成制度**」では、介護が必要となった場合（「要支援」または「要介護」と認定された場合）に、手すりの取り付け、段差の解消、扉の取り替えといったバリアフリー改修工事にかかった費用20万円までの**９割（18万円）を補助**してくれます。また、これとは別に各自治体でも補助金が受け取れる場合があるので、確認してみましょう。

14
離婚時の年金分割は、そんなに〝おいしい話〟ではない

定年を迎えた矢先に離婚する「定年離婚」の割合が増えているようです。厚生労働省「人口動態統計月報年計」（2020年）によると、1985年時点の離婚総数に占める同居期間20年以上の方の離婚の割合は12・2％でした。しかし2020年時点の割合は**20・1％に増加**しています。もちろん、同居期間20年以上の方がすべて定年離婚とは限りませんが、長年連れ添った夫婦でも、離婚する可能性はあるのです。

離婚するときには、夫婦の資産を分配します。これを**財産分与**といいます。婚姻期間中は、お互いに協力して資産を築いてきたはずです。離婚するにあたって、財産分与ではそうした資産を「共有資産」と考えて2人で分け合います。

財産分与の対象になる資産は、婚姻してから築いた資産です。それを2人で分割します。資産には、預貯金、保険、金融商品、住宅や車、共同生活に必要な家具などが

あてはまります。退職金はすでに支払われている場合や、支払われていなくても近い将来に支払われることが見込まれる場合は財産分与の対象です。

ちなみに、生活費から少しずつ差し引いて貯めた**「へそくり」も、夫婦の生活費から貯めた以上は共有資産**。財産分与の対象と考えられます。一方、独身時代の資産や離婚前でも別居中に得た資産などは、財産分与の対象外です。

さらに、年金も2人で分けることができます。会社員・公務員として働く夫（妻）とその妻（夫）が離婚した場合に、**婚姻期間中の厚生年金の記録を夫婦で分け合う**ことができます。これを年金分割といいます。

たとえば、会社員の夫と専業主婦の妻が離婚しても、妻は老後に国民年金しかもらえないとなると、妻の生活が苦しくなってしまいます。共同で生活していたのに、離婚すると年金に格差が生まれるのは不公平ということで、この制度が生まれました。

年金分割には、**合意分割**と**3号分割**の2種類があります。

合意分割は文字どおり、年金を夫婦の合意によって分割する制度。婚姻期間中の厚生年金の記録の最大2分の1にあたる部分を分割することができます。分割の割合は、

合意分割と3号分割

(例)会社員の夫と専業主婦の妻が離婚した場合

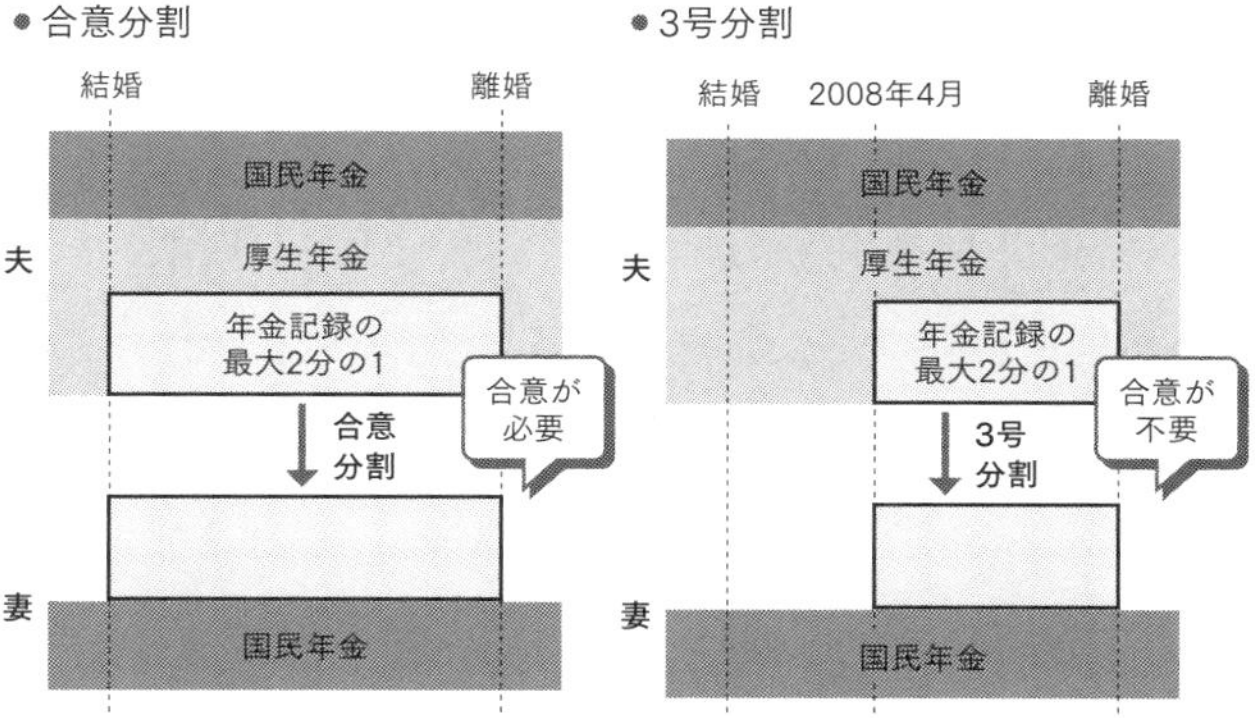

少ない側（分けてもらう側）の**上限が50％**と決められていますが、実際、多くが50％ずつ分割しています。

一方、3号分割は、夫婦の合意がなくても、**第3号被保険者だった期間の厚生年金の記録の50％を分割できる**制度です。離婚した夫婦にとっては、3号分割のほうが都合がいいと思われるかもしれません。しかし、3号分割で分割できる記録は、制度がスタートした2008年4月以降のもののみ。婚姻期間がそれ以前からある場合は、分けてもらう記録（増える年金額）が少なくなってしまいます。

3号分割と合意分割は両方とも請求できます。2008年4月までは合意分割、4

月以降は3号分割とすることも可能です。

厚生労働省「令和2年度 厚生年金保険・国民年金事業の概況」によると、年金分割を受ける側の年金額の月額平均（国民年金を含む）は、分割前が5万1585円、分割後が8万2358円ですので、3万円ほど増えています。

年金分割で分けられる年金は厚生年金のうち婚姻期間中に保険料を支払った部分のみ。婚姻期間外の厚生年金や、国民年金は分割できないため、**単純に「相手の年金が半分もらえる」わけではない**ことに注意しましょう。

金額が少額であっても、離婚後に年金が増やせそうであれば、分割をしたほうがいいでしょう。請求期限は離婚翌日から2年以内。とくに合意分割の場合は夫婦（元夫婦）で一緒に年金事務所に行くか、合意を証明する書面（公正証書や年金分割の合意書など）を提出する必要があるので、早めに手続きしましょう。

なお、同じ年金制度でも、iDeCoや企業型確定拠出年金（企業型DC）は年金分割の対象外となります。

15 iDeCo、NISAで運用する商品は変更すべき!?

資産運用をスタートすると気になるのが、ちゃんと利益が出ているのか（損をしていないか）です。

iDeCoやつみたてNISA（新NISAのつみたて投資枠）は、時間をかけてゆっくりと資産を増やしていく運用ですから、毎日の値動きをつぶさに確認する必要はありません。**最低でも年に1回、確認しておけばいい**でしょう。利用している金融機関のウェブサイトを見れば、資産の推移や利益・損失が確認できます。保有している商品の基準価額と純資産総額が順調に右肩上がりで増えていればひとまず問題ないでしょう。

しかし、運用を続けていると「運用する商品を変更したほうがいいのではないか？」と思われることも出てきます。たとえば、年齢が上がるにつれて、リスクの高い株式よりもリスクの低い債券の割合を多くすべきなどといわれることがあります。実際、

iDeCoやNISAで購入可能な商品のなかには「ターゲットイヤー型」といって、運用が進むにつれて債券の比率が高まる商品もあります。年齢が上がってからリスクの高い資産を持っていたら、資金を大きく減らしてしまう恐れがあるため、リスクの低い資産に切り替えましょう、というわけです。

しかし、リスク許容度は人それぞれ異なります。年齢だけを重視してリスクを少なくしてしまうと、本当はもっとお金を増やせたはずなのに増やせなかった、ということになりかねません。それに、そもそもリスクのある商品の値動きとうまく付き合うために積立・分散投資をしているのですから、**年齢だけを理由に運用商品を変更する必要はありません。**運用商品は変更せず、そのまま運用を続けることをおすすめします。

ちなみに、**ターゲットイヤー型の投資信託はインデックス型・バランス型の投資信託より信託報酬が高く設定されている**ものが多いため、おすすめしません。

また、市場が暴落することもあります。これまでもバブル崩壊、リーマン・ショック、コロナ・ショック、ウクライナ・ショックなどの際には、市場が大きく下落しました。こんなときは、投資信託も一緒になって値下がりします。その様子を見たら「商品を変更したい」どころか「これまで積み立ててきた商品を売りたい」と思うかもしれません。

しかし、**暴落があったとしても、慌てて売ることはおすすめしません。**iDeCoやNISAのように、コツコツと一定額の投資を続けていると、商品が安いときはたくさん買い、高いときには少ししか買わなくなるため、平均購入単価を下げることができるからです。積立投資では、市場が暴落したときはたくさん買うチャンスとなる、というわけです。

たとえば、2018年から2022年4月末までの約4年間にわたって、毎月1万円ずつ米国株の指数のひとつ、S&P500に投資したとします。

2020年2月から3月にかけて、新型コロナウイルスによるコロナ・ショックが発生しました。確かにこのときは、一時的に資産が元本を割り込んでいます。しかしその後は大きく回復し、2022年4月末には元本52万円が約79万円に増えています。

同様に、リーマン・ショックの発生した2008年9月から投資を続けていたとしたら、元本の164万円が約514万円にまで増えています。コロナ・ショックでも多少下落していますが、下落があってもトータルでは利益が出ている状態ですし、その後さらに資産が増えていることもわかります。

市場はときどき暴落しますが、いつまでも下がり続ける相場もありません。ですから、一喜一憂せずに投資を続けるのがおすすめです。

暴落しても投資を続けることが大切

● 2018年1月からS&P500に
月1万円ずつ投資した場合の推移

● リーマンショック(2008年9月)から
S&P500に月1万円ずつ投資した場合の推移

※コロナ・ショック

第3章

定年後の人生のための賢い選択

1 会社に最後までしがみつく「再雇用」、ホントのところ

２０１３年に施行された高年齢者雇用安定法では、会社に60歳未満の定年を禁止したうえで、65歳までの希望する社員に対して高年齢者雇用確保措置（以下、雇用確保措置）を取ることを定めています。

雇用確保措置には、

①65歳までの定年引き上げ
②定年制の廃止
③65歳までの継続雇用制度（再雇用制度・勤務延長制度等）の導入

の3つがあり、原則として希望者全員にいずれかの措置を取らなくてはなりません。いいかえれば、希望すれば65歳まで働けるというわけです（なお、２０２１年に高年齢者雇用安定法が改正され、これに加えて70歳までの就業機会を確保することを努力義務と定めています）。

厚生労働省の「高年齢者の雇用状況」（令和2年）によると、すでに99・9％の会社が何らかの雇用確保措置を導入しています。といっても、雇用確保措置の内訳を見ると、全企業の約4分の3、従業員301人以上の企業にいたっては実に9割近くが「継続雇用制度の導入」、つまり再雇用の制度の導入となっています。

65歳まで定年を引き上げたら、65歳までは正社員として雇う必要があります。また定年制を廃止したら、極端にいえば本人が望む限りは正社員として雇う必要が出てきます。しかし、再雇用であれば正社員である必要はありません。雇用確保措置の実施状況からは、会社もできるだけ人件費をかけたくない様子が見て取れます。

実際、**再雇用の多くは非正規社員**です。厚生労働省の「令和3年版 高齢社会白書」によると、男性の場合55～59歳は10％程度だった非正規社員の割合が60歳を境に急増。65歳以上では実に**約70％**が非正規社員なのです。

また女性でも、65歳時点では**約84％**もの方が非正規社員です。その後、多少非正規社員の割合が減りますが、これは正社員が増えたのではなく、パートなどで働く女性の人数が減ることで、相対的に正社員の割合が上昇したのでしょう。

再雇用で気になる年収も減少傾向にあります。パーソル総合研究所の「シニア人材の就業実態や就業意識に関する調査」によると、**約9割の人が年収が下がった**と回答しています。しかも**減額率は平均44・3%**、50%以上下がったという回答も27・6%あるのです。もちろん、退職直前の給与がとても高かったのかもしれません。しかし、それでも相当の減額は覚悟しなければならないようです。

また、それほど年収が下がったにもかかわらず、定年前とほぼ同様の業務をしている方が55%もいます。年収が下がったなら、業務や責任が減ったり、労働時間が短くなったりしそうですが、そうでもない現実が見え隠れします。

実際、**定年退職前は年収1000万円を超えていたような管理職の方が再雇用で年収200万円台に下がってしまう**、などということもあります。納得できないと思われるかもしれませんが、かといって再就職するあてもない、起業する用意もない以上は、今いる会社にできるだけいるしかない……となるでしょう。

暗い話になってしまいましたが、定年退職、再雇用を取り巻く現実は厳しいことを、理解しておいていただければと考えます。

定年後の年収は下がるが仕事の内容は変わらない現実

● 定年後再雇用者の年収の変化（n=591） 単位：%

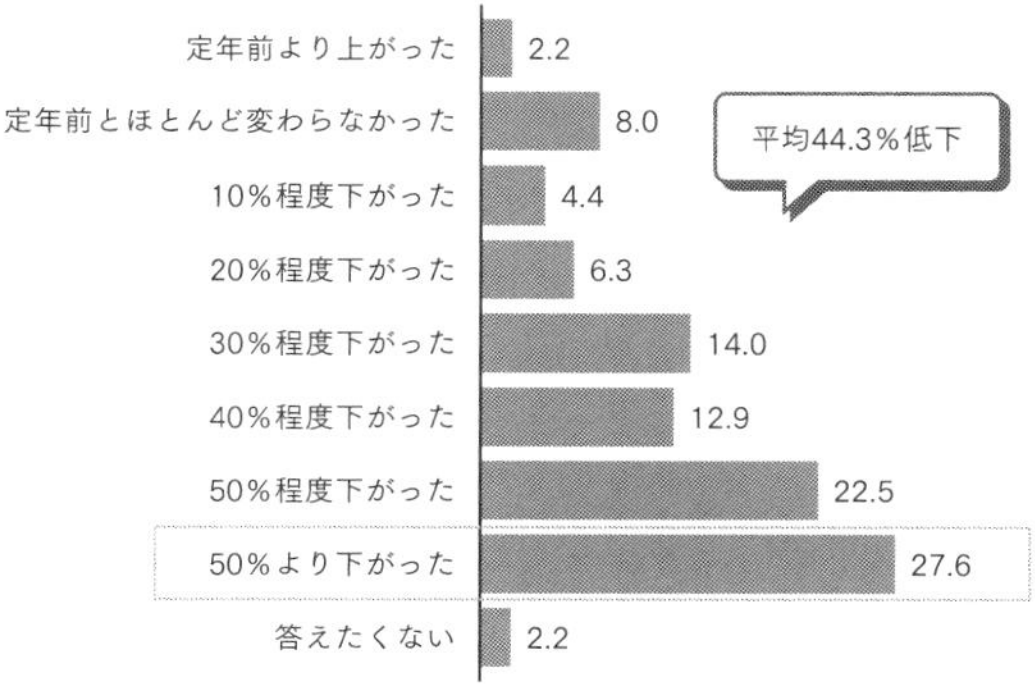

● 定年後再雇用者の職務の変化（n=591） 単位：%

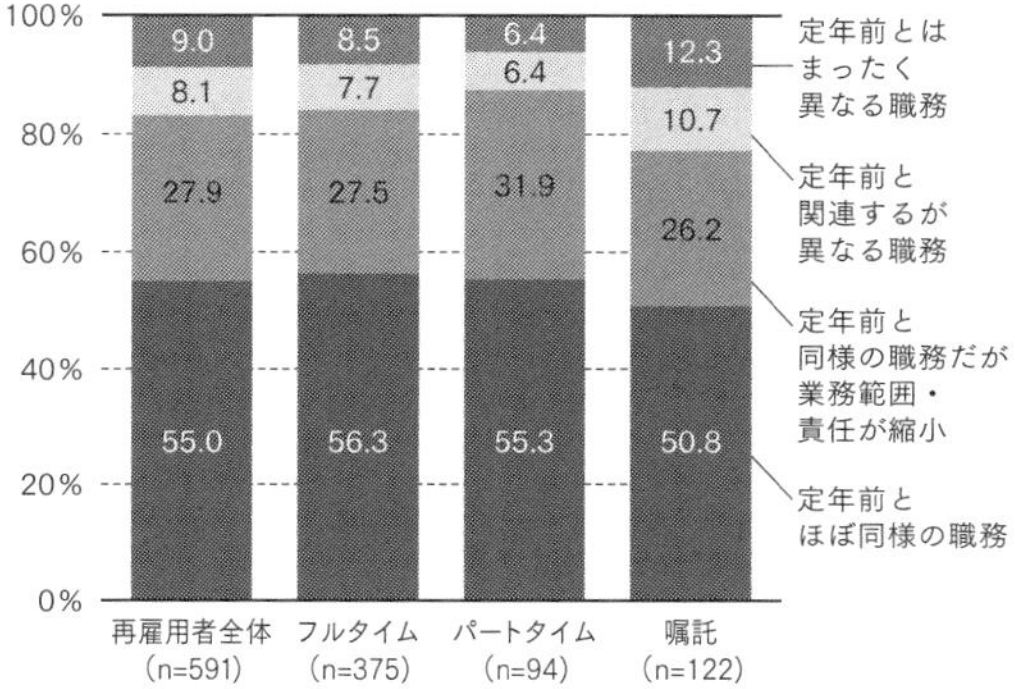

＊パーソル総合研究所「シニア人材の就業実態や就業意識に関する調査」より作成

2 退職金制度に確定拠出型年金がある人は要注意！

60歳で定年を迎え、再雇用される場合・再就職する場合には、60歳時点で退職金を受け取ります。退職金のもらい方については、第2章で解説したとおり、自分にとってお得な受け取り方を考え、退職金を受け取るために個人で行う手続きとしては、「退職所得の受給に関する申告書」を提出する程度しかありません。

なお、iDeCoや企業型確定拠出年金に加入している場合には、**退職金と確定拠出年金をお得に受け取る方法はやや複雑**です。そのあたりは第4章で解説します。

退職に向けて必要なことはお勤めの会社によって異なります。定年後、再雇用されるのか、再就職するのか、あるいは失業手当を受け取って仕事を探すのかによっても異なりますが、具体的には、**「会社から借りていた備品を返却する」「経費精算を行う」「業務の引き継ぎを行う」「健康保険証を返却する」「年金手帳を受け取る（会社にあ**

る場合）」「**雇用保険被保険者証を受け取る（会社にある場合）**」といったことがあるはずです。月並みですが、「立つ鳥跡を濁さず」。気持ちよく定年退職をするためにも、きちんと手続きしましょう。

退職金がいつ振り込まれるかは会社によってさまざまで、明確なルールがあるわけではありません。一般的には**退職から1～2か月後に支払われる**ケースが多いようです。会社の就業規則には、退職金をいつごろ支払うかが記載されているので、確認しておくといいでしょう。もしわからなければ、会社の担当部署に確認しましょう。

勤め先の会社が中小企業で、**中小企業退職金共済制度（中退共）**に加入していることもあるでしょう。中退共は、中小企業が従業員の退職金を積み立てて用意する制度です。

中退共の退職金の請求は、会社から受け取る「**退職金共済手帳**」を使って退職した本人が行います。そして、支払いは中退共が請求を受けてから約4週間となっています。この手続きが遅れると、退職金の受け取りも遅くなってしまいます。ですから、なるべく早く手続きしましょう。

退職金のほかに、企業年金や確定拠出年金を受け取る場合には、請求手続きを行います。この手続きは、**自分で行う**必要があります。

企業年金とは、会社が社員のために年金を用意してくれる制度。国民年金、厚生年金といった公的年金に上乗せしてもらえる「**私的年金**」の制度です。

企業年金には、確定給付企業年金（DB）、厚生年金基金、企業型確定拠出年金（DC）などの制度があります。会社によって、どの企業年金があるかは異なります。

また、42ページで紹介したiDeCoは「個人型確定拠出年金」ですから、確定拠出年金の一種です。こちらも、受け取るときには自分で手続きをする必要があります。

基本的な手続きはどれも同じです。各年金の支給開始年齢が近づくと、企業年金連合会や確定拠出年金の運営管理機関から年金の受け取りに必要な**裁定請求書**が届きます。なお、厚生年金基金の大部分はすでに解散していますが、企業年金連合会が業務を引き継いでおり、年金を受け取ることができます。

裁定請求書に必要事項を記載のうえ、添付書類と併せて提出します。裁定請求書には、資産を一時金で受け取るか年金で受け取るか、それとも一時金と年金で併給する

年金請求の流れ

① 「裁定請求書」が届く

支給開始年齢に達すると自動的に届く

↓

② 必要事項を記載、書類を添付して返送

必要書類は人により異なるので、漏れのないように用意

↓

③ 裁定が行われる

年金支給の可否・金額が決まる

↓

④ 年金証書や支払額の通知書が届く

書類は大切に保管しておく

↓

⑤ 年金の支給が行われる

かを記載する必要があります。この違いや受け取り方の考え方は２４６ページで解説します。

提出後、内容に不備がなければ「裁定」（年金の支給額の決定）が行われ、年金証書や支払額の通知書が届きます。そして、後日支払いが行われます。

気をつけたいのが**住所や氏名が変わったとき。仮に退職後に住所や氏名などに変更があった場合、企業年金連合会などの運営管理機関からの書類が届かなくなってしまう**可能性があります。それで請求手続きができなかった、そもそも請求できることを知らなかった（忘れていた）となってしまえば、せっかくの企業年金やｉＤｅＣｏも受け取れなくなってしまいます。

心当たりのある方は、企業年金、ｉＤｅＣｏの窓口に連絡して、必ず情報を変更しましょう。

3 退職翌年の「確定申告」でお金が戻ってくる！

1年間の給与や賞与の合計額が決まる年末に、勤務先は正しい所得税の金額を計算します。これを「年末調整」といいます。会社員や公務員は、毎月の給与や賞与から所得税が概算で差し引かれます（源泉徴収）。源泉徴収で集めた所得税の金額と、本来納めるべき所得税の金額の過不足を調整するのです。**所得税をたくさん支払っていた場合は差額が戻ってきます。**逆に、支払った金額が少ない場合は追加で納めます。

定年退職したあとに再雇用されたり、同年内に再就職したりして、12月末まで勤めた場合は、勤務先が年末調整をしてくれます。しかし、年の途中で退職すると、年末調整が受けられません。つまり、**払いすぎた所得税があるかもしれない**のです。

この所得税を取り戻すために、確定申告を行いましょう。確定申告とは、1年間の所得を計算して申告・納税する手続きです。

確定申告では、条件を満たした場合に税金を安くできる**15種類の「所得控除」**が利用できます。年末調整のときにも勤務先から渡される用紙に配偶者の情報を書いたり、生命保険の控除証明書を提出したりしていたでしょう。それは、所得控除を適用して所得を減らし、税額を減らすためだったのです。年末調整を受けていないなら、これらの所得控除も反映されていませんので、忘れずに確定申告を行いましょう。

所得控除のなかでも**医療費控除、寄附金控除、雑損控除**の3つは、そもそも年末調整では手続きできません。確定申告をすることではじめて受けられる控除です。「12月末で定年退職したので年末調整もしてもらった」という場合でも、これらの3つの控除は確定申告をすることによって所得を減らすことができます。

また、退職前に会社に「退職所得の受給に関する申告書」を提出しなかった場合は必ず確定申告を行いましょう。**退職金から源泉徴収されてしまった20・42％もの税金を取り戻すことができる**からです。

79ページで紹介したとおり、退職翌年の住民税は高くなる傾向にあります。住民税は前年の1～12月までの所得で決まった金額を翌年6月から翌々年5月にかけて支払うしくみだからです。確定申告で所得税を少しでも安くできれば、税金が還付されてお得なだけでなく、翌年の住民税も安くできますので、漏れなく申請しましょう。

15種類ある所得控除

所得控除の種類	控除を受けるための条件	控除できる金額	
基礎控除	合計所得が年2,500万円以下	最高で48万円（合計所得年2,400万円以下の場合）	年末調整でも確定申告でも手続き可能
社会保険料控除	社会保険料を支払った	その年に支払った金額を全額控除	
生命保険料控除	生命保険料を支払った	最高で12万円	
小規模企業共済等掛金控除	小規模企業共済やiDeCoなどの掛金を支払った	小規模企業共済の場合、最高で84万円。iDeCoの場合、最高で81万6,000円	
地震保険料控除	地震保険料を支払った	最高で5万円	
障害者控除	本人や扶養する家族が障害者	27〜75万円（障害の程度や同居の有無により異なる）	
寡婦控除	夫と死別・離婚などをした	27万円	
ひとり親控除	納税者がひとり親（合計所得金額500万円以下）	35万円	
勤労学生控除	納税者が勤労学生	27万円	
扶養控除	扶養家族がいる	38〜63万円（扶養親族の年齢等により異なる）	
配偶者控除	配偶者（年間の合計所得金額48万円以下）がいる	最高で38万円（70歳以上の場合は48万円）	
配偶者特別控除	配偶者（年間の合計所得金額48万円超133万円以下）がいる	最高で38万円。配偶者の所得が増えるほど控除額が減り、133万円超になると0円になる	
医療費控除	自分や家族のために医療費を支払った	10万円を超えた部分（保険金などで補てんされる金額を除く）	確定申告のみ手続き可能
寄附金控除	特定の団体に寄附した	特定寄附金の合計－2,000円（年間所得の40％まで）	
雑損控除	災害、盗難、横領などの損害を受けた	損失額に応じて控除額が変わる	

※2022年度の金額で作成

4 退職所得の受給に関する申告書、ポイントはここだけ！

定年退職が近づいてきたら、勤務先に退職所得の受給に関する申告書を提出しましょう。**所得税と住民税が源泉徴収され、確定申告が不要になります**。なにより、20・42％の所得税が徴収されるのを防げます、忘れずに提出しましょう。

退職所得の受給に関する申告書は、A～E欄の5つに分かれています。このうち、退職するすべての人が**記入するのはA欄のみ**です。

「①退職手当等の支払を受けることとなった年月日」には、退職日を記入します。

「②退職の区分等」のうち〈一般・障害の区分〉欄では、退職の直接の原因が障害によるものの場合には「障害」を選びます。それ以外は「一般」です。なお、障害が原因の場合は、退職所得控除の金額が100万円多くなります。また、〈生活扶助の有無〉欄は、生活保護による生活扶助を受けている場合には「有」を選択します。

「③この申告書の提出先から受ける退職手当等についての勤続期間」は、ひとことで

退職所得の受給に関する申告書

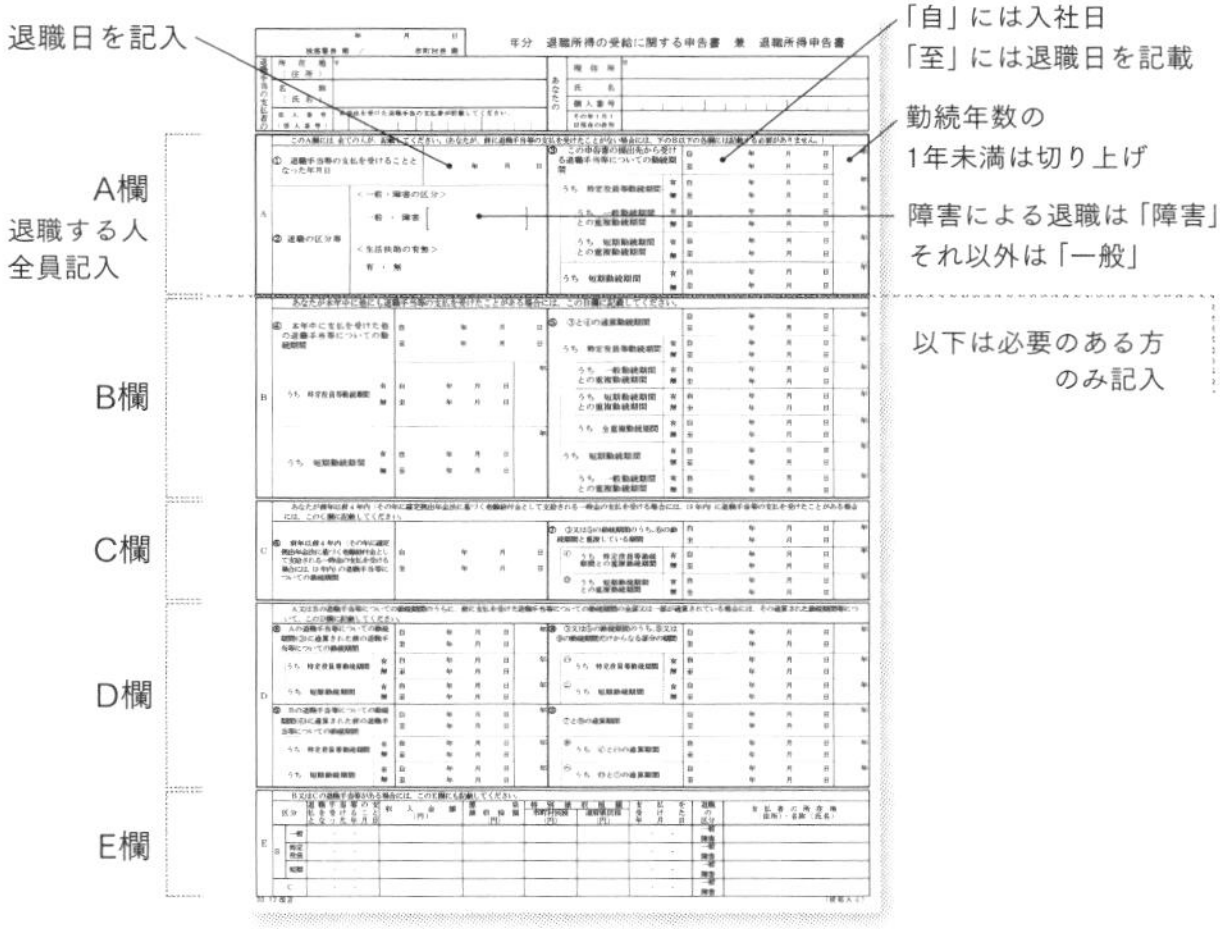

いえば会社の在籍期間のことです。「自」には入社年月日、「至」には退職日を記載します。そして年数は、**1年未満の端数があるときには切り上げて記載します。**1日でも端数があるなら切り上げできます。

B～E欄までは「本年中に他にも退職手当等の支払を受けたことがある場合」「前年以前4年内（確定拠出年金の一時金は19年内）に退職手当等の支払を受けたことがある場合」など、必要のある方のみ記入します。該当しない場合は記入する必要はありません。

5 退職金を運用するうえでの「鉄則と裏ワザ」

ようやく振り込まれた退職金。しかし、そのまま銀行の普通預金口座に預けておいても、**金利はわずかに0・001%**（以下、断りのない限り2022年5月時点）。仮に2000万円預けても、1年間にわずか200円（税引前）しか増えないのです。

虎の子の退職金をリスクを取らずに少しでも増やしたいという方におすすめなのが、**個人向け国債**です。個人向け国債は、国がお金を借りるときに発行する債券（国債）を個人でも買いやすいようにした商品。個人向け国債を買うと、毎年一定の利息（支払いは年2回）が受け取れ、満期になると全額返ってきます。

個人向け国債は、発行体の日本政府が万が一、破たんするようなことがあれば元本を損なう可能性があります。しかし、日本が破たんする事態は考えにくいでしょう。

個人向け国債には、満期が3年の「**固定3年**」、5年の「**固定5年**」、10年の「**変動10年**」の3種類があります。「固定」は発行時の利息が満期まで変わらない固定金利、

3種類ある個人向け国債

	変動10年	固定5年	固定3年
満期	10年	5年	3年
金利	変動金利	固定金利	固定金利
最低金利	0.05%(税引前)		
利息	半年に1度受け取れる		
価格	1万円以上1万円単位		
中途換金	発行後1年経過すればいつでも可能 元本割れなし(直近2回の金利が差し引かれる)		

変動は半年ごとに利息が変わる変動金利を表します。

なお、個人向け国債は1万円以上1万円単位で購入可能。1年以上保有すれば売却可能で、元本割れしません(ただし、直近2回分の利息が差し引かれます)。

個人向け国債の最大の特徴は、**金利に0・05%の下限があること**。これ以上は下がりません。普通預金の50倍の利息が受け取れるのですから、嬉しいですよね。しかも、本稿執筆時点で変動10年の金利は0・13%に上昇しています。**普通預金の130倍**です。もちろん変動10年は変動金利ですから、また下がって0・05%になってしまう可能性もあります。しかし、固定3年・固定5年は金利が下限の0・05%ですし、今後金利が上昇しても金利が0・05%のままです。ですから、購入するなら変動10年をおすすめします。

また、期間限定ながら普通預金よりも高い金利を受け取れる「**退職金専用定期**」の利用も検討しましょう。銀行によっては、「退職金限定」「退職から○か月（○年）以内」「最低300万円以上」「一定の地域の方しか申し込めない」といった条件をすべて満たす場合、普通預金よりも高い金利で預けることのできるサービスがあります。

たとえば、三井住友信託銀行の「退職金特別プラン 定期預金コース」では、

・1契約500万円以上、総額1億円以内（退職者）
・退職日から2年以内で1回のみ利用可能
・来店して店舗で申し込む
・ライフプランに関するコンサルティングを受ける
・メールアドレスを登録する
・アンケートに回答する

などの条件を満たすと、**3か月もののスーパー定期の金利が年0・8%**となります。

仮に2000万円の退職金を預けたら、利息は2000万円×0・8%×（12分の3か月）＝**4万円**。普通預金よりも圧倒的に有利ですね。

ただ、退職金専用定期で高い金利の利息が受け取れるのは最初の1回のみ。それも、数か月などと短い期間で満期を迎えてしまいます。2回目以降は金利が下がるのです。

そこで活用したいのが**退職金専用定期の「乗り換え」**。A銀行の退職金専用定期で満期を迎えたら、次はB銀行の退職金専用定期に預ける……という具合に、退職金専用定期を乗り換えていくのです。「退職から◯か月（◯年）以内」の条件をチェックして、期限の短いものから順番に利用していくとわかりやすいでしょう。

お住まいの地域の複数の銀行に退職金専用定期があるなら、乗り換えができる可能性があります。ぜひ調べて、乗り換えの作戦を立ててみてください。

さて、退職金を投資に回す場合を考えます。相場は常に上下に変動し、どこが高いか安いかはプロでも予測不可能です。どんな金融商品であれ、2000万円全額を一度に投資するのはギャンブルに近いといえます。

そして、退職金が2000万円であれば、**500万~1000万円は預貯金や個人向け国債など安全資産で置いておきたい**ところです。退職金が入る前の預貯金の残高にもよりますので、あくまで参考の目安です。

そもそも今まで大金を投資に回した経験がないにもかかわらず、全額投資に回すと、心に余裕がなくなります。感情に左右されていては、投資でお金を増やすなんて成功しません。預貯金や個人向け国債ではまったく増えませんが、「元本割れしない」「すぐに引き出せる」というメリットは賢く活用したいところです。

ここでは2000万円のうち、半分の1000万円を投資に回すと仮定しましょう。投資タイミングは複数回に分けましょう。「月に50万円投資・計20回」「月に100万円投資・計10回」「月に200万円投資・計5回に分ける」などです。

投資先のおすすめは**インデックス型投資信託**と**バランス型投資信託**です。これに加えて、**ETF(上場投資信託)**という選択肢もあります。

ETFは証券取引所に上場しており、株式と同じ方法で買い付け・売却できる投資信託です。一般的に、投資信託より手数料が安いのが特徴ですが、他にも「リアルタイムの市場価格で取引できる」「分配金は自動で再投資されない」などの特徴があります。

たとえば、「楽天・全米株式インデックス・ファンド」の信託報酬は年0・162%となっています。しかし、この投資信託の投資先であるETF「**バンガード・トータル・ストック・マーケットETF（VTI）**」に直接投資すれば、信託報酬は年0・03%です。0・132%の差であり、わずかといえなくはないですが、長期保有するほど利益の差となります。

現時点でおすすめできる商品を下の図で紹介しますので、ぜひ参考にしてください。

投資対象	ETF名	経費率	純資産総額	出来高	5年（年率）トータル・リターン	直近配当利回り
米国株全体	バンガード・トータル・ストック・マーケットETF（VTI）	0.03%	2558億ドル	955万口	12.69%	1.43%
全世界株	バンガード・トータル・ワールド・ストックETF（VT）	0.07%	228億ドル	463万口	8.83%	1.16%
米国高配当・増配株	バンガード・米国増配株ETF（VIG）	0.06%	621億ドル	262万口	12.83%	1.85%
米国株（ナスダック100）	インベスコ・QQQ・トラストシリーズETF（QQQ）	0.20%	1638億ドル	1.13億口	18.44%	0.58%
米国高配当株	SPDRポートフォリオS＆P500高配当株ETF（SPYD）	0.07%	80億ドル	3388万口	9.72%	6.06%
金ETF	SPDRゴールド・シェア（1326／GLD）	0.40%	643億ドル	1074万口	8.43%	—

※直近配当利回りは税込み　　2022年5月9日時点

6 退職金を減らす可能性が大の「やってはいけない投資」

まとまった金額の退職金でも、当然使えばなくなってしまいます。そこで、投資して増やしたいと考える人はたくさんいます。銀行などの金融機関も、退職金が振り込まれたことは把握できますから、「資産運用をしませんか？」などと、商品の提案をしてくることも少なくありません。

しかし、**投資なら何でもお金を増やせると思ったら大間違い**です。なかには、退職金を減らす可能性の高い投資もあります。

不動産投資

まとまった資金ができると、不動産を購入して「大家さん」になろうとする方が多くいます。確かに、大家さんになって、部屋を人に貸せば毎月安定した家賃（賃貸収入）を得られますし、不動産が値上がりすれば売ることで売却益も得られます。

しかし本来、不動産投資は住宅ローンを組んで不動産を購入し、賃貸収入からローンを支払った残りが黒字になるのが理想です。定年後に不動産投資をするとなると、住宅ローンはなかなか借りられないため、不動産を退職金で一括購入することになりがちです。するとたとえば、2500万円の物件を購入して家賃10万円で貸し出したとしても、**元を取るまでに単純計算で20年以上かかってしまいます**。しかも、もし入居者がいなければ、その間の家賃収入は得られないため、元を取るまでの期間はさらに長くなってしまいます。

不動産を現金化したいとしても、どんな優良物件でも1か月程度の時間はかかります。そもそも売りたいときに売れないこともありますし、希望価格で売ることができないということもあります。こういったリスクを「流動性リスク」といいます。

不動産投資自体は、悪い投資ではありません。しかし、定年後に行う投資としては不向きで、退職金を減らす可能性の高い投資だといえるでしょう。

●毎月分配型の投資信託

毎月分配型の投資信託とは、文字どおり分配金を毎月支払ってくれるタイプの投資信託です。不動産投資の家賃収入と同様に毎月お金が受け取れますし、分配金がたくさんもらえるならお得だと思われるかもしれません。しかし、毎月分配型の投資信託は、運用で利益が出なかったときは元本を取り崩して分配金を支払ってしまいます。そうすると、**分配金を支払った分だけ投資信託の元本が減ってしまう**のです。投資信託の元本が減ると、値上がりしたときの恩恵も少なくなってしまいます。

また、複利効果の面から考えると、分配金は受け取るよりも再び投資に回したほうが効率よく資産を増やせるでしょう。毎月分配金として受け取ってしまうと、複利効果を生かすことができなくなってしまいます。

さらに、毎月分配型の投資信託は**信託報酬などの手数料が高く設定されている**のも問題です。自分のお金を預けて、高額の手数料を支払いながら、預けたお金の一部から取り崩した分配金を受け取るというのでは、とても割に合わないでしょう。

●複雑なしくみの投資信託や仕組債

たとえばオプション付き投資信託。株式やＲＥＩＴ（不動産投資信託）に投資をしつつ、オプション取引をすることで利益の上乗せをする「**カバードコール型投資信託**」

や、値上がり益や配当・利子に加えて、選択した通貨の為替差益・為替取引によるプレミアム（通貨の金利差）も得ることを目指す「**通貨選択型ファンド**」などがあります。

仕組債もオプションなどを用いて、元本や利息の支払いに、株価指数や為替レートなどの金融指標の変化による条件が付与されることによって、条件のない債券よりも高い利回りとなっています。しかし、こうした複雑なしくみを活用すればするほど、価格変動リスクが高くなりますし、手数料も高くなってしまいます。実際、投資した人の多くが損失を被っている状況でもあります。

証券・金融商品あっせん相談センターでの紛争解決手続き終了事例のうち、仕組債は**38％でトップ**（2021年9月まで1年間）となっています。21年7～9月期の手続き終結事例で多いのは70～80代の高齢者の申し立てです。「**定期預金を中途解約して仕組債の購入をすすめられ、多額の損失が発生した**」などの主張が多くあります。

退職金運用プラン

先の項で銀行の退職金専用定期を紹介しましたが、それによく似た「退職金運用プラン」には注意が必要です。退職金運用プランは、**定期預金と投資信託やファンドラ**

退職金運用プランのからくり

（例）退職金運用プランで投資信託と定期預金を1000万円ずつ利用した場合

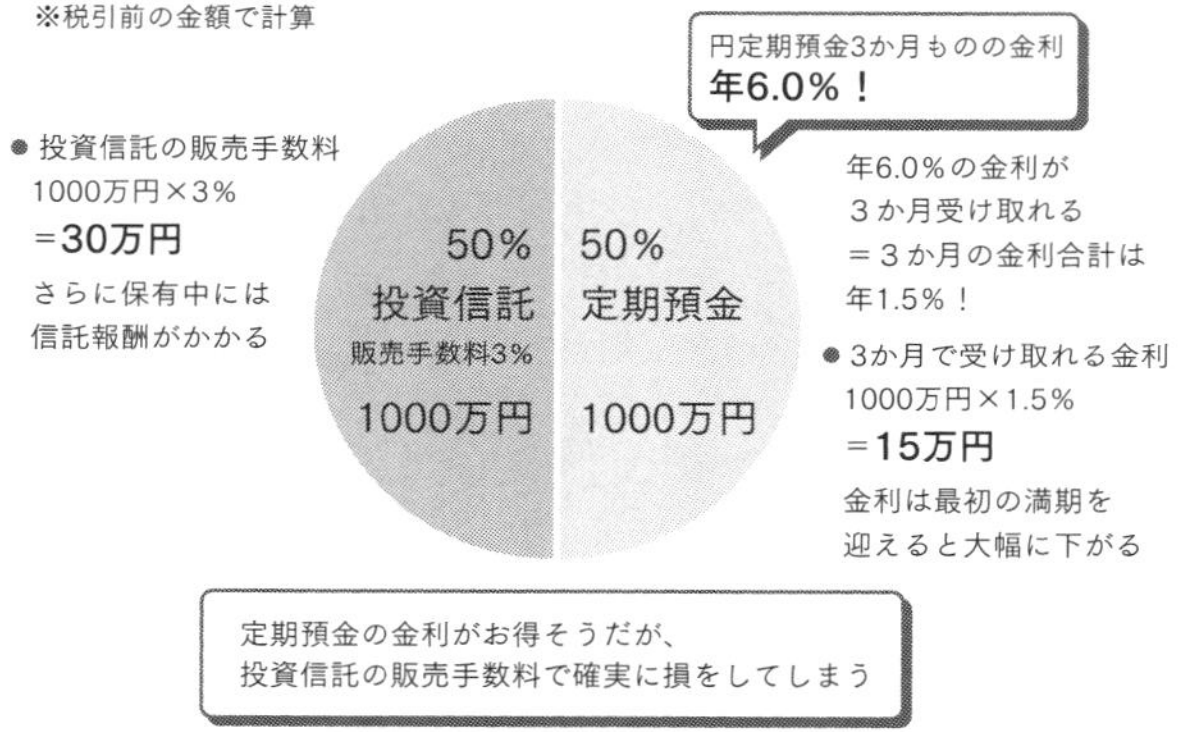
※税引前の金額で計算
円定期預金3か月ものの金利
年6.0％！
●投資信託の販売手数料
1000万円×3％
＝30万円
さらに保有中には
信託報酬がかかる
50％
投資信託
販売手数料3％
1000万円
50％
定期預金
1000万円
年6.0％の金利が
３か月受け取れる
＝３か月の金利合計は
年1.5％！
●3か月で受け取れる金利
1000万円×1.5％
＝15万円
金利は最初の満期を
迎えると大幅に下がる
定期預金の金利がお得そうだが、
投資信託の販売手数料で確実に損をしてしまう

ップなどをセットにした商品。多くの場合、資産の半分を定期預金に預け、もう半分を投資信託で運用します。

定期預金の部分では、年率5～7％と高い金利が提示されているため、お得に感じるでしょう。しかし、投資信託の部分では購入時手数料や信託報酬が高く設定されているものがほとんど。**トータルで見ると損になるようにできています。**

確かに、市場が良ければ投資信託の部分でお金が増えるかもしれません。しかし、そもそも投資をするなら手数料はなるべく安いほうがいいでしょう。わざわざセット商品を購入する必要はありません。

●外貨建て保険

外貨建て保険は、保険料の支払いや保険金の受け取りが外貨で行われる保険です。米ドルや豪ドルといった外貨で保険料を支払い、保険金などの受け取りも外貨です。「外貨は金利が高いので、円建ての保険よりも高い利回りが期待できる」「元本が保証されている」などと、一見良さそうですが、これも注意すべき商品です。

というのも、外貨建て保険の「元本保証」は、あくまで外貨ベースでの話だからです。多少金利が得られたとしても、**為替レートの値動き次第では、外貨を円に戻したときにそれ以上に損をする可能性がある**のです。

もちろん、為替レートの値動き次第で得することもあります。しかし、そもそも外貨建て保険は販売手数料の高い商品です。公表されていないケースも多いのですが、外貨建て保険は6~8%と、他の投資に比べてはるかに高い販売手数料がかかっています。それだけに金融機関の「勧誘」も熱心で、近年、国民生活センターへの相談件数が増加しているほどです。

●投資詐欺

「元本保証で多額の配当金が手に入ります」「絶対儲かる投資を教えます」など、いかにも儲かりそうな（怪しげな）投資の情報は実にたくさんあります。高額な退職金を手にして気が大きくなっているところに「特別なあなたにだけ教えます」などと投資詐欺の魔の手がのびてくることも、決してないとはいえません。**自分は大丈夫と思わず、十分注意してください。**

一見明らかにおいしい話には、必ず裏があります。そもそも、「元本保証」といっていいのは銀行の普通預金や定期預金など、一部の商品に限られています。投資にはお金が増えたり減ったりするリスクが必ずあるため、**元本保証はありえない**のです。また、投資にはリスクがあるのですから、「絶対儲かる」というのもおかしな話です。絶対儲かる投資商品など、存在しないのです。

百歩譲って、絶対儲かる投資商品があったとして、なぜあなたに教えるのでしょうか。自分で買っていればいいだけなのに教えるのは、決して親切心ではなく、何か裏があると用心すべきだ、というわけです。

7 「業務委託契約」での働き方を申し出てみる

105ページで在職老齢年金を紹介しました。60歳以降、厚生年金に加入しながら働き、月の年金（特別支給の老齢厚生年金や繰り下げ受給の老齢厚生年金など）と給与の合計額が47万円を超えた場合、超えた分の金額の半額がカットされてしまいます。なかには、在職老齢年金の制度があるために働き方をセーブすることを考える方もいるでしょう。

しかし、在職老齢年金で年金が減る対象はあくまで「60歳以降厚生年金に加入しながら働いている人」です。**厚生年金に加入しないで働けば、いくら稼いでも厚生年金が減らされることはない**のです。

自営業やフリーランスといった、個人事業主の形で働けば、厚生年金に加入しないので、47万円を超えても年金は減らされません。

業務委託契約で働くということは、会社の拘束を受けないということです。委託された業務を期日までにこなせばいいので、自分の好きな時間・場所で働くことができます。

そのうえ、**自分の好きな仕事・得意な仕事だけをすることも可能**です。なにより、どれだけ働いて稼いでも年金が減らされることがありません。ですから、思いっきり働くこともできるでしょう。

一方で、業務委託は収入が安定しません。大きな成果をあげられれば再雇用や再就職よりも稼げる反面、**次の仕事が入ってこないと、収入を得られなくなってしまう**ことも考えられます。

そのうえ、労働基準法が適用されないので、「仕事をたくさん引き受けすぎてしまった」となれば、休日返上で働かなければならないことも。雇用保険や労災保険にも加入できませんし、確定申告も自分でする必要があります。

このように業務委託契約は、良くも悪くも自分の裁量・自分の責任が強く問われる

業務委託契約のメリット・デメリット

メリット	・再雇用・再就職するよりもたくさん稼げる可能性がある ・在職老齢年金の対象にならない ・会社の拘束を受けないので、好きな時間・場所で仕事ができる ・自分の好きな仕事・得意な仕事だけをすることもできる（仕事を断ることもできる）
デメリット	・収入が安定しない。仕事がなくなる可能性もある ・労働基準法が適用されない ・雇用保険や労災保険に加入しない ・確定申告や税金の支払いも自分で行う必要がある

ようになります。

もし、47万円を超えて大きく稼げそうであれば、勤め先に業務委託契約を結んで働けないか、相談してみるといいでしょう。

8 職業訓練を受けるメリットが大きいこれだけの理由

再就職するためにスキルアップをしたい場合に役立つのが職業訓練です。失業手当（雇用保険の基本手当）を受給している方は、**公共職業訓練**を受けることができます。公共職業訓練の科目は情報処理、建築、電気、介護などさまざま。受講期間はおおむね3か月から2年となっています。受講料は無料（別途教材費など、実費は負担あり）。自費で専門学校に通うよりも費用負担がずっと少なくて済みます。

公共職業訓練のメリットは豊富です。なかでも大きいのが、**失業手当がもらえる期間が延長される**ことです。60歳以上65歳未満の場合、失業手当の給付日数は90～240日（雇用保険の被保険者期間により異なる）ですが、公共職業訓練を受けている間は、その訓練終了日まで失業手当の支給が延長されます。

また、そのほかにも公共職業訓練を受講することで1日500円（上限2万円）が

公共職業訓練で失業手当はどれだけ増える？

（例）失業手当の日額6000円、240日受け取れる人が、
受給期間を100日残して６か月（180日）の公共職業訓練を受講するとき

- 受講しなかった場合の失業手当

6000円×240日＝144万円

48万円も
多くもらえる！

- 受講した場合の失業手当

6000円×（240日－100日＋180日）＝192万円

※失業手当が80日分多くもらえることになる

受け取れる「**受講手当**」や、公共職業訓練施設への交通費（最高４万２５００円）が受け取れる「**通所手当**」、家族と別居して公共職業訓練を受ける場合の宿泊費として月額１万７００円が受け取れる「**寄宿手当**」などがあります。公共職業訓練では、こうした金銭的なサポートを受けつつスキルが身につけられるのです。

　そのうえ、公共職業訓練を受講すると、自己都合退職の場合にある2～3か月の給付制限期間がなくなったり、失業認定日にハローワークに足を運ぶ必要がなくなったり、仕事を紹介してもらえることがあったりと、サポートが手厚くなっています。

公共職業訓練を受けるには、まずハローワークでの求職申し込み・職業相談を行います。

自分にとって再就職に役立つ訓練コースを選んだら、**公共職業訓練施設で行われる面接や筆記試験などを受験して合格する**必要があります。これに合格後、ハローワークで受講あっせん（指示）を受けることで、公共職業訓練の受講開始となります。

ただし、いつでもどんな公共職業訓練でも受けられるわけではなく、お住まいの地域や時期によって開講される訓練コースが異なります。年齢制限は基本的にはありませんが、訓練コースによっては「おおむね55歳未満」などと決められている場合もあります。希望する訓練コースがいつ開講されるのか、ハローワークのウェブサイトなどで調べておくといいでしょう。

また、公共職業訓練を受けるには、失業手当の給付日数が一定以上残っている必要がありますので、早めに相談するようにしましょう。

9 「青色申告」には、税金上のメリットがたくさん！

確定申告の方法には、「白色申告」と「青色申告」の2種類があります。誰もが利用できるのは白色申告ですが、**個人事業主になるなら青色申告がおすすめ**です。なぜなら青色申告では、白色申告にはない節税メリットが受けられるからです。

まず、青色申告を行うと、必要経費を差し引いた所得からさらに**最大65万円の「青色申告特別控除」**を受けることができます。

複式簿記という形式で帳簿を作り、確定申告の期限内にe－Tax（国税電子申告・納税システム）で電子申告するか、電子帳簿を保存する形式で確定申告をすれば65万円、電子申告・電子帳簿を利用しない場合は55万円が控除できます。また、複式簿記でない場合でも10万円の控除があります。白色申告では受けられない控除ですので、ぜひ取り組むべきです。

青色申告は「**損失の繰越控除**」ができるのもメリット。たとえば1年目はまだ売上が少なく、仕事するための経費がたくさんかかって赤字になったとします。2年目に仕事が軌道に乗って黒字になった場合、白色申告ではその黒字部分に対して税金がかかってしまいます。しかし、青色申告で赤字を計上しておけば、**1年目の赤字と2年目の黒字を相殺して税金を減らす（なくす）ことができる**のです。赤字分は翌年から3年間繰り越すことが可能。相殺した分、税金が少なく済みます。

さらに、青色申告なら**家族などに支払う給与（専従者給与）を経費にできます**。専従者給与を支払うことで、家族には「給与所得」が発生することになりますが、年間103万円までであれば所得税もかかりません。

そのうえ、青色申告には「少額減価償却資産の特例」があり、仕事で利用する30万円未満のもの（パソコンなど）を購入した場合に、一括で経費にできます。そのため、経費を前倒しできるというわけです。

「複式簿記なんて難しそう」という方もいるでしょう。しかし、今は「ｆｒｅｅｅ（フリー）」「マネーフォワードクラウド会計」などのソフトを利用すれば、記帳に不安の

青色申告の4つのメリット

① 最大65万円の控除が受けられる

青色申告をすれば、所得を最大65万円控除できる
所得税の税率は所得に応じて5%～45%、住民税の税率は10%なので毎年数万円～約30万円の節税ができる！

② 損失の繰越控除で赤字を3年繰り越せる

赤字を翌年以降の黒字と相殺することで税金を減らしたり、ゼロにしたりできる！

③ 家族に給料を支払える

支払った給与は経費として所得から差し引ける！
年間103万円までなら所得税がかからない

④ 30万円までなら一括で経費にできる

仕事で購入した備品代が30万円までならば一括で経費にできる
経費を前倒しでき、所得が減らせる！

ある方でも簡単に申告ができるようになっていますので、ぜひ挑戦してみましょう。

なお、青色申告をしたい場合は、税務署に個人事業主として開業することを知らせる「**個人事業の開業・廃業等届出書**」に加えて、「**青色申告承認申請書**」を提出する必要があるので忘れずに。

また専従者給与を出す場合は、働きはじめた日から2か月以内に「**青色事業専従者給与に関する届出書**」を税務署に提出する必要があります。

10 個人事業主でいくか、法人にするか。トータルコストが安いのは？

個人事業主になる方のなかには、法人を設立しようと考える方もいます。法人には、個人事業主にはないメリットもデメリットもあるからです。個人事業主と法人の主な違いは、次のとおりです。

個人事業主には、税務署に**開業届を出すだけ**でなれます。極端にいえば、思い立ったその日に手続きしても個人事業主になることができます。しかし会社を設立するとなると、法人の種類や会社名を決めたり、定款や印鑑を作ったり、法人登記をしたりなど、さまざまな手間がかかります。株式会社の場合、**初期費用で30万円程度**かかります。税務署だけでなく、自治体や年金事務所でも手続きが必要です。

確定申告や税金の面でも違いがあります。個人事業主の確定申告は自分でできるでしょうが、法人の確定申告はよりしっかりした書類が必要で、専門的な知識がなければできません。税理士のアドバイスが必要になるでしょうし、書類を税理士に作成してもらうと数万円の費用がかかります。

個人事業主と法人の主な違い

		個人事業主	法人
事業の開始・終了	事業開始のための手続き	税務署に開業届を提出する 青色申告を行う場合は「青色申告承認申請書」も提出する	法務局で法人登記を行う 設立登記申請書、定款、資本金の払込証明書、会社印などが必要
	事業開始にかかる費用	0円	法定費用＋資本金 株式会社の場合20万円～25万円程度
	事業廃止の手続き	届出を出す	解散登記・公告等が必要（数万円）
税金・経費	会計・経理	個人の確定申告	法人決算書・申告 （税理士が必要なことが多い）
	かかる税金	所得税（5%～45%。所得が多いと増える） 個人住民税 消費税 個人事業税	法人税（15%～23.2%。所得税より税率の上昇幅が少ない） 法人住民税（赤字でもかかる） 法人事業税 消費税 など
	経費	事業にかかる費用は経費にできる	個人事業主よりも経費の範囲が広い （事業の費用のほか自分の給与や賞与、退職金なども経費にできる）
	赤字の繰越	3年（青色申告をした場合）	10年
	生命保険	所得控除の対象（年12万円まで）	契約内容によっては半額から全額を経費にできる
	社会保険（従業員分含む）	5人未満の場合、事業者負担分なし	事業者負担分あり（労使折半）
信用	社会的信頼度	法人よりも低い	個人事業主より高い

個人事業主の場合は所得税がかかるのに対し、会社の場合は法人税がかかります。

個人事業主の所得税の税率は所得に応じて5～45％ですが、法人税の税率は15～23・2％です。そのため、課税所得が少ないうちは個人事業主のほうが税額が少なくて済みますが、**1000万円を超えると、法人のほうが有利になる**場合があります。ただし、法人はたとえ赤字になっても法人住民税を支払う必要があります。

所得税率と法人税率の違い

● 所得税の税率

課税される所得金額	税率	控除額
195万円未満	5%	0円
195万円以上 330万円未満	10%	97,500円
330万円以上 695万円未満	20%	427,500円
695万円以上 900万円未満	23%	636,000円
900万円以上 1,800万円未満	33%	1,536,000円
1,800万円以上 4,000万円未満	40%	2,796,000円
4,000万円以上	45%	4,796,000円

● 法人税の税率

区分				税率
普通法人	資本金1億円以下の法人など	年800万円以下の部分	下記以外の法人	15%
			適用除外事業者※	19%
		年800万円超の部分		23.2%
	上記以外の普通法人			23.2%

※適用除外事業者
…前3年度の平均所得が15億円超の中小企業者

例として、1000万円の売上のある個人事業主と法人を比較してみましょう。どちらも事業の経費は400万円とします。個人事業主は残りの600万円が所得になるのに対し、法人は残りの600万円を社長が役員報酬として受け取ったとします。

個人事業主の場合は、**600万円の所得をもとに税金が計算**されます。それに対して法人の場合、社長の役員報酬600万円は全額経費ですから、会社としての損益はゼロになります。また、会社の社長は、600万円の役員報酬から「給与所得控除」が差し引けます。会社の法人住民税が7万円かかりますが、**税額の合計は法人のほうが約25万円も少なくなる**計算です。

売上1000万円のときの税額はどっちが少ない？

（例）1000万円の売上・400万円の経費がある個人事業主と法人

個人事業主と法人（役員報酬600万円）で税額はどっちが少ない？

		個人事業主	法人	
			会社	会社の社長
売上		1,000	1,000	
経費	役員報酬		600	600
	事業の経費等	400	400	
	給与所得控除			164
所得（または損益）		600	0	436
所得税（または法人税）		40.0	0	20.1
住民税（または法人住民税）		42.4	7.0	30.8
税額合計		82.4	57.9	

（万円）

税額の合計は法人の方が約25万円少なくなった！

※個人事業主は基礎控除、社会保険料控除、青色申告特別控除（65万円）を考慮して計算
社会保険料控除に含まれる国民健康保険は東京都文京区の料率で計算

※会社の社長は基礎控除、社会保険料控除を考慮して計算

では、個人事業主と法人、どちらを選ぶべきかですが、まずはスモールスタートが基本ですので、個人事業主でスタートしてはいかがでしょうか。

個人事業主はすぐにスタートできますし、初期費用もかかりません。所得が少ないうちは、法人よりも税金・社会保険料を抑えることができます。**事業が軌道に乗ってきたら、法人化する**という具合です。

法人化して得られるメリットは大きく2つあります。一つは**事業の信用が高まること**です。取引先を増やしたいと思っても、取引先を法人に限定している企業もあります。また、法人化すると、金融機関の融資を受けやすくなります。

もう一つのメリットは、**節税につながる可能性がある**ことです。このメリットはとくに大きいです。ポイントは5つあります。

1つ目は、先に説明した**所得税と法人税の税率の違い**です。所得金額によっては税負担が減少します。

2つ目は、**給与や退職金の扱いの違い**です。法人化することで、本人の報酬に対する給与所得控除が活用できます。家族従業員や本人への退職金分について所得を減らすことができるようになります。

3つ目は、**社会保険料**です。まず社会保険料は会社が折半するので、個人事業主よりも負担が少なくて済みます。個人事業主でも国民健康保険料は負担しないといけません。法人化して厚生年金に加入すれば、将来の年金を増やすこともできます。

4つ目は、**生命保険料**です。個人事業主の場合は生命保険料を必要経費とすることはできず、所得控除の生命保険料控除を活用しての節税が許されているだけです。法人化して法人契約で掛け捨て保険などに加入すれば、基本的には保険料の分だけ法人所得を減らせます。

5つ目は、**欠損金の繰越**です。個人事業の場合、赤字は3年しか繰り越せませんが、法人の場合は10年間繰り越せます。

個人事業主になる場合でも会社を設立する場合でも、もしものときに備えて**小規模企業共済に加入**しましょう。小規模企業共済は、個人事業主や小規模な企業の経営者・役員などがお金を積み立てることで、将来事業を廃止したときの「退職金」が作れる制度です。掛金は月々1000～7万円までで、500円単位で設定可能です。

小規模企業共済はｉＤｅＣｏと同様、**掛金が全額所得控除の対象**にできるため、所得税や住民税を減らすことができます。また、資金繰りが厳しいときや病気やケガをしたときにも貸付制度があるため、万が一のときにも役に立ちます。

ｉＤｅＣｏと併用することもできるので、個人事業主でも会社設立でも、まずは小規模企業共済を最優先で活用し、余裕があればｉＤｅＣｏも利用するのがおすすめです。

また、取引先が倒産して支払いが受けられなくなるリスクに備えた「**経営セーフティ共済**」（中小企業倒産防止共済）の加入も考えておきましょう。

毎月５０００〜20万円の範囲（５０００円単位・総額８００万円）まで掛金を出すことで、取引先の倒産で支払いが受けられなくなった際に、その受けられなかった金額か、掛金総額の10倍にあたる金額（最高８０００万円）のうち少ない金額を借り入れることができます。

もしものときに備えながら、掛金を損金（法人の場合）、または必要経費（個人事業主の場合）に算入できるので、節税効果が大きい制度です。

小規模企業共済の概要

加入資格		従業員20名（商業とサービス行は5名）以下の個人事業主・企業の役員
掛金	掛金	1,000円～7万円（500円単位で自由に選択可能）
掛金	掛金額の変更	可能（停止も可能）
掛金	所得控除の上限	全額
受取時	受取のタイミング	・事業をやめたとき ・65歳以上で180か月以上払い込んだとき
受取時	税制優遇	退職所得控除・公的年金等控除
運用利率		・掛金納付から25年目まで　1.5% ・26年目以降　1.5～1.0%（段階的に減少） ・35年目以降　1.0%
貸付制度		・一般貸付制度（利率年1.5%） ・緊急経営安定貸付（利率年0.9%） ・傷病災害時貸付（利率年0.9%）など
途中解約		可能（240か月未満での任意解約は元本割れ）

iDeCoとも併用可能

掛金が全額所得控除。最大で年84万円所得を差し引けるため、その分税金が安くできる

受け取るときにも税制優遇がある

利率の低い貸付制度も役立つ

11 年金を「繰り上げ」「繰り下げ」する場合の注意ポイント

年金は原則として65歳から受け取ることができます。しかし、年金は60歳から75歳までの間でいつ受け取りを開始するかを自分で決めるしくみです。65歳から勝手に受給が始まる、というものではありません。

年金は「**申請主義**」といって、自分で申請しないともらえません。申請を忘れていれば受け取れませんし、万が一加入記録や金額に間違いがあったとしても、申請しなければ損したままになってしまうこともあります。

繰り上げ受給も繰り下げ受給も同様で、受給したいときに受給の申請を行います。

99ページで紹介したとおり、筆者は年金の繰り下げ受給でなるべく年金を増やしつつ、万が一まとまったお金が必要になった場合には一括受け取りすることをおすすめします。しかし、なかには年金の繰り上げ受給をしたいと考える方もいるでしょう。

たとえば、何らかの事情で働けない人や、（病気などで）あまり長生きしないだろうと考えている人は、早く年金を受け取りたいと思うかもしれません。また、年金が多少減っても、若いうちにお金を受け取ったほうが使い道が多いと考えるならば、繰り上げ受給をしたほうがいいと思うでしょう。

年金額は、多いに越したことはありませんが、**繰り上げ・繰り下げの判断は、金額だけで決められるものでもない**のです。

実際、厚生労働省の「令和2年度 厚生年金保険・国民年金事業の概況」によると、国民年金の受給権のある人全体で繰り上げ受給を選んだ割合は11・7％、繰り下げ受給を選んだ割合は1・6％です。

さらに、個人事業主やフリーランスなど、「国民年金（老齢基礎年金）のみ」の人で、繰り上げ受給を選んだ割合は28・2％なのに対し、繰り下げ受給を選んだ割合は1・7％となっています。現状は、まだまだ**繰り上げ受給のほうが多い**のです。近年は繰り上げ受給の割合が低下する一方、繰り下げ受給の割合がわずかに増加傾向にあります。

年金の繰り上げ受給には、以下のようなデメリットがあります。

●年金額減額は生涯続く

繰り上げ受給の減額は、生涯続きます。たとえば、60歳時点で受給開始した場合、24％減額された年金額がずっと続きます。一度申請すると取り消せません。

●繰り上げ受給は国民年金・厚生年金同時

厚生年金も受け取れる方の場合、繰り上げ受給の申請は国民年金・厚生年金同時になります。なお、繰り下げ受給は国民年金だけ、厚生年金だけを選ぶことができます。

●国民年金の任意加入ができなくなる

繰り上げ受給すると、85ページで解説した国民年金の任意加入ができなくなります。未納期間が埋められなくなるため、年金額を増やすことができなくなってしまいます。国民年金保険料の追納も同様にできなくなります。

●障害基礎年金が受け取れなくなる

老齢基礎年金を繰り上げ受給したあとに所定の障害状態になっても、原則として障害基礎年金が受け取れません。障害基礎年金は原則「65歳未満」が対象なのですが、繰り上げ受給をすると「65歳に達した」とみなされてしまうためです。

障害基礎年金は2級の場合、老齢基礎年金と同額。1級だとその1・25倍ですから100万円近く受け取れます。しかも非課税です。仮に病気やケガで障害を負っても、繰り上げ受給を選択すると障害基礎年金は受け取れなくなってしまいます。

●寡婦年金が受け取れなくなる

寡婦年金とは、10年以上保険料を払った第1号被保険者（自営業者など）の夫が老齢年金をもらう前に亡くなったときに、一定の条件を満たすことで妻がもらえる年金です。しかし、妻が繰り上げ受給をすると、この寡婦年金はもらえなくなります。また、寡婦年金の受給中に繰り上げ受給をすると、寡婦年金を受け取る権利も消滅します。

これらを踏まえたうえで、繰り上げ受給を希望する場合は、60～65歳までの繰り上げ受給を希望する時期に「繰り上げ請求書」をお住まいの近くの年金事務所または年金相談センターに提出します。

提出時に、繰り上げ請求をすると年金額が減額されることなど、先に紹介したデメリットの説明を受けます。それでも繰り上げ受給を希望する場合に、年金請求書に必要書類を添付して提出します。手続きの必要書類は、**年金手帳**（または基礎年金番号通知書）・**厚生年金保険被保険者証**・**戸籍謄本**（または戸籍抄本）・**住民票**・**本人名義の金融機関の通帳**など多岐にわたります。その他、人により必要な書類が異なる場合があるので、年金事務所などに確認しておきましょう。

手続き後、問題がなければ年金額が決定し、後日、年金証書や年金決定通知書が届きます。そして以後、偶数月の15日に過去2か月分の年金が振り込まれます。

一方、繰り下げ受給にデメリットがないかといえば、そんなことはありません。

●長生きできないと損になる

いつまでが寿命かは誰にもわかりません。頑張って繰り下げても長生きできなければ損です。99ページで紹介したとおり、年金の繰り下げ受給で元が取れるのは約12年後。75歳まで繰り下げれば、確かに年金は84％増えるのですが、損益分岐点は約12年後ですから、86歳以上まで生きないと総額ベースで損をすることになります。

●税金や社会保険料も増える

75歳まで繰り下げると年金額は84%増えるのは事実ですが、この金額はあくまで「額面」ベースです。年金額が増えれば、税金や社会保険料などが増えるため、「手取り」は同じ金額だけ増えるわけではありません。

●繰り下げの対象外の年金がある

加給年金（183ページ）、振替加算（185ページ）、特別支給の老齢厚生年金といった年金は、繰り下げをしても金額が増えません。また、加給年金や振替加算は、年金を繰り下げている間は受け取れなくなる点にも注意が必要です。

●繰り下げ中に亡くなっても、遺族年金は65歳時点の金額で計算

次項で紹介しますが、繰り下げ中に亡くなった場合、条件を満たすと遺族が遺族年金を受け取れます。しかしこの場合、遺族年金の金額は、増額される前の金額を基準

として計算されます。たとえ75歳ごろまで繰り下げてきたとしても、亡くなった場合には遺族は繰り下げのメリットを受けられません。

年金の繰り上げと繰り下げ、両者のデメリットを踏まえ、最後はあなた自身で決めましょう。どちらを選んだとしても、**合計で得られる年金額については死んだときにしか正解はわかりません。**

なお、65歳から年金を受け取るとき・繰り下げ受給を行うときの手続きは２２６ページで改めて紹介します。

12 遺族年金は、もらい方のコツを知らないと大きく損をする

国民年金・厚生年金に加入している人や、国民年金・厚生年金の受給資格がある人が亡くなったとき、その亡くなった人によって生計を維持されていた人は**遺族年金**を受け取ることができます。

国民年金からの遺族年金を**遺族基礎年金**、厚生年金からの遺族年金を**遺族厚生年金**といいます。受給要件を満たせば、亡くなった人が国民年金の第1号被保険者なら遺族基礎年金、第2号被保険者なら遺族基礎年金と遺族厚生年金の両方を受け取ることができます。

遺族基礎年金と遺族厚生年金では、受給要件が異なります。

遺族基礎年金が受け取れるのは、「子のある配偶者」または「子」に限られています。また受け取れる期間も、原則18歳の年度末を迎えるまでとなっています。

それに対し、遺族厚生年金は遺族基礎年金とは違い、子どもの有無に関係なく受け取ることができます。亡くなった人に生計を維持されていた人で、もっとも優先順位の高い人が受け取れます。そのうえ、配偶者（夫55歳以上、妻30歳以上）は**再婚などしない限り、一生涯受け取ることができます**。

一般的に長生きなのは女性のほうです。会社員の夫が亡くなった場合、妻は遺族厚生年金が受け取れます。しかし、その金額は夫が生きているときよりも減ります。これに備えるために、**妻の老齢基礎年金を繰り下げておく**という方法があります。

妻が専業主婦だった場合、遺族厚生年金で受け取れる金額は夫が受け取るはずだった**老齢厚生年金の4分の3**です。しかし、妻の老齢基礎年金が仮に65歳時点で約78万円だとした場合、70歳まで繰り下げすれば約110・7万円、75歳まで繰り下げすれば約143万円まで増えます。老齢基礎年金は遺族厚生年金の金額に影響されません。増額された老齢基礎年金に加えて、夫の遺族厚生年金を受け取れるというわけです。

65歳以上の場合、老齢基礎年金の受給額が年158万円までであれば、所得税もかかりません。遺族厚生年金はそもそも非課税なので、丸ごと受け取れます。

妻の老齢基礎年金は繰り下げる

夫…会社員（平均年収500万円・厚生年金40年加入）
妻…専業主婦（厚生年金なし）の場合

夫　老齢基礎年金 年77.8万円　老齢厚生年金 年107.8万円
妻　老齢基礎年金 年77.8万円

合計年263.4万円

→ 夫　死亡

（夫の老齢厚生年金の$\frac{3}{4}$）

妻　老齢基礎年金 年77.8万円　遺族厚生年金 年80.9万円

合計年158.7万円

妻の老齢基礎年金を
70歳・75歳まで繰り下げていれば

【70歳】

（夫の老齢厚生年金の$\frac{3}{4}$）

妻　老齢基礎年金 **年110.5万円**　遺族厚生年金 年80.9万円

合計年191.4万円

【75歳】

（夫の老齢厚生年金の$\frac{3}{4}$）

妻　老齢基礎年金 **年143.2万円**　遺族厚生年金 年80.9万円

合計年224.1万円

老齢基礎年金の繰り下げで年金額が
大きく増える！

※遺族厚生年金は、繰り上げ・繰り下げの有無にかかわらず65歳時点の老齢厚生年金の金額の4分の3で計算されます

また、厚生年金が受け取れる妻の場合も、老齢基礎年金だけ繰り下げるほうがいいでしょう。

夫の遺族厚生年金が妻の老齢厚生年金より多い場合、**支払われる夫の遺族厚生年金は妻の老齢厚生年金との差額分のみ**。さらに、妻の老齢厚生年金のほうが多ければ、遺族厚生年金はもらえなくなってしまいます。そのうえ、夫の遺族厚生年金は非課税ですが、妻の老齢厚生年金は課税なので、老齢厚生年金を繰り下げても恩恵を十分に受けられない可能性がある、というわけです。

老齢基礎年金だけを繰り下げる分には、遺族厚生年金には何の影響もないので、安心して繰り下げを選ぶといいでしょう。

一方、妻が先に亡くなった場合、夫も要件を満たせば妻の遺族厚生年金が受け取れます。しかし、妻が受け取るときとは違い、注意点があります。それは、**夫の年金の繰り下げ受給ができなくなる**ことです。

原則65歳から受け取る老齢基礎年金・老齢厚生年金は、最大75歳まで繰り下げることで84%増額できます。しかし、年金は他の年金（ここでは、遺族厚生年金）の受給権を得てしまうと、繰り下げ受給ができなくなってしまうのです。

妻の老齢厚生年金は繰り下げない

夫…会社員（平均年収500万円・厚生年金40年加入）
妻…会社員（平均年収300万円・厚生年金40年加入）の場合

夫　老齢基礎年金 年77.8万円　老齢厚生年金 年107.8万円　→　夫　死亡

妻　老齢基礎年金 年77.8万円　老齢厚生年金 年68.4万円

合計年331.8万円

妻の老齢厚生年金68.4万円
夫の遺族厚生年金12.5万円

妻　老齢基礎年金 年77.8万円　老齢＋遺族厚生年金 年80.9万円

合計年158.7万円

妻の老齢厚生年金のみ
67歳・70歳まで繰り下げたとすると

【67歳】

妻の老齢厚生年金79.9万円
＋夫の遺族厚生年金1万円

妻　老齢基礎年金 年77.8万円　老齢＋遺族厚生年金 年80.9万円

合計年158.7万円

【70歳】

妻の老齢厚生年金97.1万円
夫の遺族厚生年金は**全額カット**

妻　老齢基礎年金 年77.8万円　老齢厚生年金 年97.1万円

合計年174.9万円

繰り下げ受給で増えた分遺族厚生年金が減るので
繰り下げの恩恵が少ない！

妻が先に亡くなった場合の遺族厚生年金の優先順位は「子のある55歳以上の夫」と「子」がもっとも上なのですが、子は主に高校生までなので、夫が年齢の条件を満たす可能性のほうが高いでしょう。

それに加えて、「同居している（生計を一にしている）」「収入が８５０万円未満」の条件を満たすと、夫に妻の遺族厚生年金の受給権が生まれます。それによって、年金の繰り下げ受給ができなくなります。

遺族厚生年金は、厚生年金に１か月以上加入し、受給資格期間（保険料を納めた期間や加入者の期間の合計）が25年（３００月）以上ある方が亡くなったときに遺族が受け取れる年金です。

妻がいっさい会社員・公務員として働いていないのであれば対象外ですが、たとえば「就職後、結婚を機に寿退社」という場合、**働いていた時期が数年でも、その数年と夫の扶養期間の合計で受給資格期間の25年をクリア**します。

夫に自分の老齢厚生年金と妻の遺族厚生年金を受け取る権利がある場合、老齢厚生年金は全額支給され、遺族厚生年金は老齢厚生年金より多い部分が受け取れます。

繰り下げができなくなる?

● 通常の繰り下げ受給

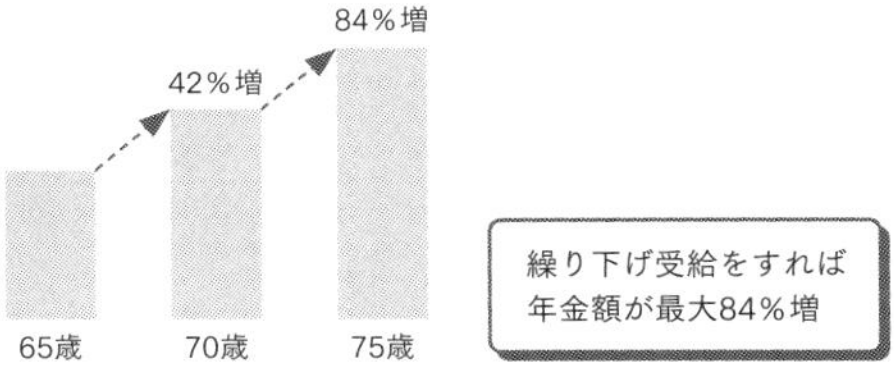
84%増
42%増
65歳
70歳
75歳
繰り下げ受給をすれば
年金額が最大84%増

● 夫55歳～66歳未満のときに
厚生年金が受け取れる妻が亡くなった場合

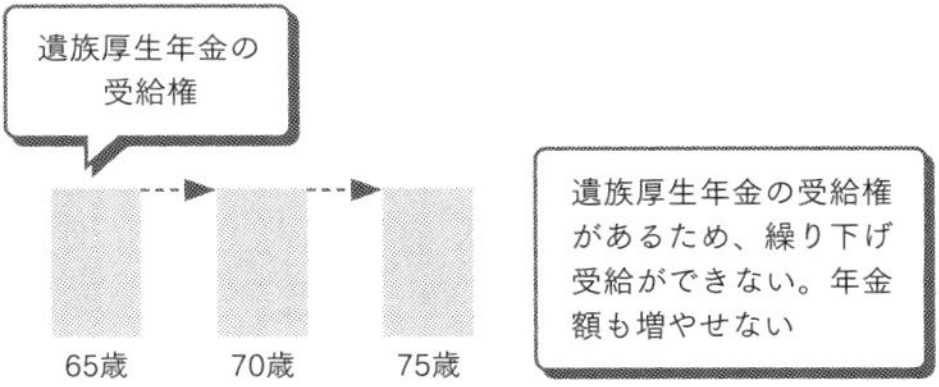
遺族厚生年金の
受給権
65歳
70歳
75歳
遺族厚生年金の受給権
があるため、繰り下げ
受給ができない。年金
額も増やせない

● 夫66歳～75歳未満のときに
厚生年金が受け取れる妻が亡くなった場合

(例)67歳のときに妻が亡くなったとき

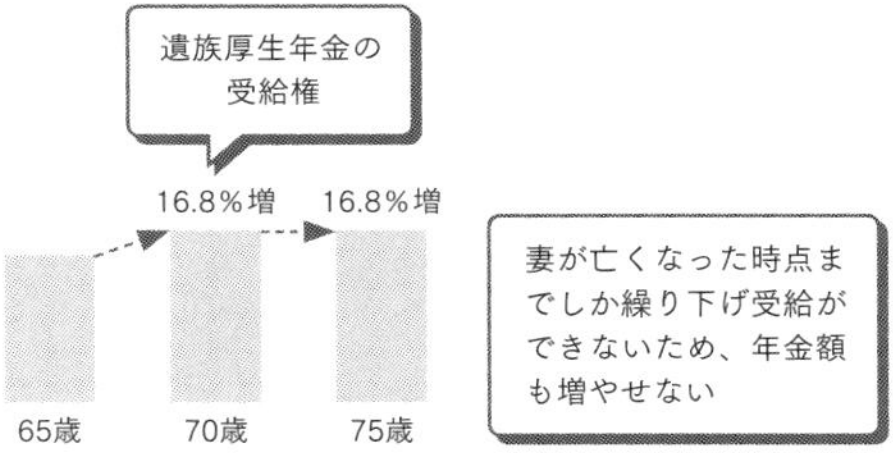
遺族厚生年金の
受給権
16.8%増
16.8%増
65歳
70歳
75歳
妻が亡くなった時点ま
でしか繰り下げ受給が
できないため、年金額
も増やせない

しかし、もしも働いていた期間が数年であれば、遺族厚生年金は老齢厚生年金よりも少ないでしょう。つまり、**遺族厚生年金は受け取れません**。しかし、たとえ遺族厚生年金が0円でも、遺族厚生年金の受給権を持っている以上、老齢厚生年金は繰り下げ受給できないのです。

夫が55歳以降66歳までに妻を亡くした場合、繰り下げ受給で年金を増やすことはできません。また、66歳以降75歳までの繰り下げ待機期間に妻を亡くした場合、繰り下げは妻が亡くなった時点で終了となり、以後は待機しても年金は増えません。

このことを知らずに繰り下げ受給の待機をしていると、いざ受け取るときになって年金額が少なくて驚くことになりかねません。十分注意してください。

13 「加給年金」が加算されると、年間約40万円もプラス！

加給年金とは、厚生年金に20年以上加入している人が65歳以上になって老齢厚生年金を受け取る場合に、**65歳未満の配偶者や18歳の年度末を迎えるまでの子を扶養しているとき**に支給される年金です。

加給年金の金額は配偶者を扶養している場合、年38万8900円（特別加算含む）になります。また、子は2人目まで年22万3800円、3人目以降は年7万4600円となっています（以上、金額は2022年度）。

たとえば、65歳の夫に5歳年下の妻がいる場合、夫の厚生年金が**5年間で約200万円**増えます。年間40万円近くも増えるとなれば、家計の大きな助けになるでしょう。

しかし、加給年金は受け取れなくなる場合もあります。配偶者の年収が850万円以上の場合は加給年金を受け取ることはできません。配偶者が厚生年金に20年以上加入していて、老齢厚生年金・特別支給の老齢厚生年金・障害年金を受給する場合も、加給年金は支給停止になります。

また、老齢厚生年金を繰り上げ受給しても、加給年金が受け取れるのは夫が65歳になってから。反対に繰り下げ受給をしている間も、加給年金を受け取れません。5歳年下の妻がいる65歳の夫が5年間老齢厚生年金を繰り下げ受給すると、約200万円の加給年金が受け取れなくなってしまいます。そのうえ、**繰り下げ受給をしても加給年金自体の金額は増えません。**

「年金を繰り下げ受給で増やしたいものの、加給年金も受け取りたい」という場合には、老齢基礎年金だけを繰り下げる方法があります。加給年金は老齢厚生年金を受け取っていれば受け取れます。**老齢基礎年金だけを繰り下げることで、加給年金を受け取りながら、老齢基礎年金を増やすことができます。**

加給年金の手続きは、「老齢厚生年金・退職共済年金　加給年金額加算開始事由該当届」を提出して行います。また、加給年金の対象者がいる場合、毎年誕生日ごろに「生計維持確認届」がハガキで届きますので、必要事項を記載して返送しましょう。

なお、加給年金の対象となっていた配偶者が65歳になり、自分の年金を受けられるようになると、加給年金は打ち切られます。夫65歳・妻60歳で加給年金を受け取って

加給年金の金額

対象者	加給年金額	年齢制限
配偶者	22万3800円＋特別加算（1943年4月2日以降生まれの場合16万5100円） 合計38万8900円	65歳未満
1人目・2人目の子	１人につき 22万3800円	18歳到達年度の末日までの間の子 または1級・2級の障害の状態にある20歳未満の子
3人目以降の子	１人につき 7万4600円	

※金額は2022年度

加給年金が受け取れる

きた夫は、70歳（妻65歳）になると加給年金が受け取れなくなります。しかし、その代わりに妻の老齢基礎年金に「**振替加算**」がつきます。

しかし、１９６６年（昭和41年）４月２日生まれ以降の方は受給できません。振替加算は、国民年金が任意加入のころに加入していない人の年金が少なくなることに配慮した加算だからです。

振替加算は、対象になった際に自動的に加給年金から切り替わりますので、とくに手続きは不要です。対象にもかかわらず振替加算が行われていない場合は、年金事務所に相談してみましょう。

14 失業保険の年齢は、実際の誕生日の「前の日」に上がる

失業手当（雇用保険の基本手当）は雇用保険に加入している人が仕事を辞めたあと、失業中に受け取れることを先にご紹介しました。しかし、失業手当が受け取れるのは64歳まで。65歳からは失業手当ではなく、**高年齢求職者給付金**（210ページで解説）が受け取れます。しかし、失業手当と高年齢求職者給付金では、給付金額に大きな違いがあります。

失業手当は賃金日額の**45〜80％**、高年齢求職者給付金は賃金日額の**50〜80％**が給付日数分受け取れます。これだけ見ると大きな違いはなさそうですが、失業手当は**最長150日分**受け取れるのに対し、高年齢求職者給付金は**30日または50日分**しか受け取れません。つまり、失業手当を受け取ったほうが有利なのです。

失業手当を受け取るためには、65歳になるまでに退職すればいいのですが、特別支給の老齢厚生年金や、老齢年金の繰り上げ受給をする場合には注意が必要です。なぜ

なら、失業手当の手続きをすると、**老齢年金の支給が停止されてしまう**からです。停止された年金は、どうやっても受け取ることはできません。

したがって、退職は65歳になる直前、**64歳11か月がベストタイミング**となります。これなら、退職後に失業手当が受け取れますし、年金の停止も受けずに済みます。65歳以降は、所定の日数分失業手当を受け取りながら年金も受け取れます。

失業手当と高年齢求職者給付金

	失業手当（雇用保険の基本手当）	高年齢求職者給付金
対象年齢	60～64歳	65歳以上
支給金額	賃金日額の45～80％	賃金日額の50～80％
給付日数	90日～150日	30日または50日
基本手当日額	2,061円～7,096円	2,061円～6,760円
支給方法	4週に一度の認定ごと	一括
年金の併給	不可能	可能

（例）賃金日額１万円の人が失業手当（150日）・高年齢求職者給付金（50日）を受け取る場合の金額の違い

- 失業手当

基本手当日額　4900円×150日＝73万5000円

- 高年齢求職者給付金

基本手当日額　5924円×50日　＝29万6200円

約44万円もの差！

ただし、法律では誕生日の前日に年齢が上がるルールです。たとえば6月1日が誕生日の方は、64歳の5月31日に「満65歳」。退職すると「65歳で退職した」と扱われてしまいます。「64歳で退職した」とするなら誕生日の前々日、5月30日までに退職しなければならない点に注意してください。

64歳11か月がベストタイミングなのは、あくまで失業手当のことだけを考えた場合です。65歳を待たずに退職することで、会社によっては**退職金や賞与が少なくなってしまう**ことがあります。

また、64歳11か月での退職は「**自己都合退職**」になるため、ハローワークで求職の申し込みをしたあとに、2～3か月の給付制限期間が生じます。その後、給付が始まりますが、最長の150日分を受け取り終わるまでには7～8か月かかる点にも注意が必要です。

さらに、それだけ仕事をしていない期間があると、再就職しにくくなる可能性があることも考えられます。これらのことも総合的に考えて、退職日を検討してください。

15 遺産の分け方でもめそうなら、すぐ始めるべき対策

退職金と並んで、大きな金額が入ってくる可能性があるのが、親の財産（遺産）です。親が亡くなると、故人の財産は遺された家族が相続します。このとき、相続する人（法定相続人）や金額の配分（法定相続分）には細かい決まりがあります。

配偶者は必ず法定相続人になって**財産の2分の1から4分の3を相続する**のが基本です。残りの財産は、優先順位の高い人で分け合います。

たとえば、両親のうち父親が亡くなった場合、母親が財産の2分の1を相続し、子どもである自分（とその兄弟姉妹）が残りの2分の1を（人数で分けて）相続します。なお、その後母親が亡くなった場合には、母親の財産すべてを自分（とその兄弟姉妹）で相続します。

たとえ親子間の相続であっても、相続時には**相続税**がかかります。ただし、相続税

は「3000万円＋（600万円×法定相続人の人数）」までの金額であれば非課税です。また配偶者は「**配偶者の税額軽減**」によって、1億6000万円まで非課税になります。相続税は、相続する財産がこの金額を超えた場合にかかるので、相続税がかからない方も多くいます。

もっとも、法定相続分はひとつの目安です。故人の遺言書で財産の分け方が指定されていればそちらが優先されますし、**遺言書がない場合には法定相続人全員で話し合い（遺産分割協議）**を行い、財産をどのように分割するかを決めます。

しかし、この遺産分割協議がもめやすいのです。たとえば、財産が自宅や土地といった不動産の場合。不動産と同額か、それ以上のお金や金融資産があればまだいいのですが、主な財産が不動産だけとなると分けにくいでしょう。

また、複数の兄弟姉妹のうち1人だけが親の介護をしていたという具合に、**生前の親に対する貢献度の違い**を巡ってもトラブルになりがちです。兄弟姉妹で同額ずつ受け取るというのでは、介護していた人は不公平だと感じるかもしれません。

さらに、そもそも法定相続人同士の仲が悪いというケースも。お互いに意地を張っ

相続には順番がある

相続順位	法定相続人と法定相続分	
子どもがいる場合 （第1順位）	配偶者 1／2	子ども 1／2を人数で分ける
子どもがおらず 父母がいる場合 （第2順位）	配偶者 2／3	父母等 1／3を人数で分ける
子どもと父母がともにおらず、 兄弟がいる場合 （第3順位）	配偶者 3／4	兄弟姉妹 1／4を人数で分ける

3,000万円＋（600万円×法定相続人の人数）までの相続ならば、
相続税はかからない

> 配偶者には「配偶者の税額減税」があります。資産1億6,000万円までなら相続しても相続税はかかりません

て、自分の主張を通そうとすれば、まとまるはずの話もまとまりません。

財産の分け方が決まらないと、さまざまな困ったことが起こります。

まず、故人の預貯金が凍結され、お金が引き出せなくなります。預貯金は、亡くなった時点で相続の対象ですから、誰かが勝手に引き出して使えないようにするのです。預貯金の仮払い制度によって最大150万円までであれば引き出せるようになりましたが、残りのお金を引き出すためには、相続の手続きを行う必要があります。

また、**相続の放棄をする場合は、相続開始から3か月以内**に家庭裁判所で手続きを

行う必要があります。相続の対象となる財産は、預貯金や不動産といったプラスの財産だけではありません。借金などのマイナスの財産、つまり負債も相続の対象なのです。万が一、マイナスの財産のほうが多かったら、相続をするのは損になってしまう可能性があります。

相続の放棄をすれば、借金を相続する必要はなくなります（ただし、預貯金や不動産などのプラスの財産も相続できなくなります）。しかし、財産の分け方が決まらず、3か月以内に相続の放棄の手続きができなければ、自動的にすべての財産を相続するとみなされてしまいます。

さらに、**相続税の申告期限は相続開始から10か月以内**です。10か月以内に申告しないと、先に紹介した配偶者の税額軽減や小規模宅地の特例（相続した自宅や土地の評価額を8割引にして、税額を減らせる制度）などが利用できないため、高い相続税を支払うはめになる可能性があるのです。

こうしたデメリットを防ぐためには、親が元気なうちから相続について話し合って、どのように財産を分けるかを決めておくことが大切です。「後ろめたい」「縁起でもない」と思われるかもしれませんが、親も自分の死後、遺産争いをされるのは嫌なはずです。定年を迎えた今だからこそ、相談してみましょう。

相続税がかかりそうなほどに財産があるならば、相続税の対策をしましょう。相続税は、財産が多いほど税率が上がり、税額も高くなってしまいます。そこで、生きているうちに**家族や子どもに無償で財産を譲る「贈与」**を行って財産を減らし、相続税を減らすのが基本です。

贈与には、贈与税がかかります。贈与税の課税の方法には、**暦年課税**と**相続時精算課税**があり、どちらを利用するかを選ぶことができます。

暦年課税は、**1年間に贈与した財産の合計に対して課税**する制度。1年間に贈与を受ける財産が110万円までであれば贈与税がかかりません。ですから、毎年110万円ずつ贈与を受ければ、相続税の対象となる財産を減らしながら、非課税で財産を受け取ることができます。誰でも使える手軽な制度です。

ただし、贈与を受けた日から3年（2024年1月1日以降の贈与から7年）以内に贈与する人（財産をあげる人）が亡くなって相続が始まった場合は、その財産には相続税がかかるというルールがあります。

一方の相続時精算課税は、**累計2500万円までの贈与であれば贈与税がかからない制度です**。2500万円を超えた分には20％の贈与税がかかります。しかし、暦年課税で仮に一度に2500万円超を贈与した場合の税率は40～55％ですので、暦年課税よりも贈与税の金額を抑えられます。

ただし、贈与する人が亡くなった場合、相続時精算課税で贈与した財産の分も含めて相続税を支払う必要があります。また、利用できる人にも制限があるうえ、一度相続時精算課税を選択すると暦年課税に戻すことはできない点にも注意が必要です。

暦年課税が向いているのは、**長期間かけて財産を譲渡したい人**です。また、贈与の対象者が多い場合にも向いています。たとえば5人の子どもがいるなら、110万円ずつ贈与すれば、1年間で550万円の財産を贈与できます。

ただし、毎年一定額の贈与を受け続けると、基礎控除額を上回る金額を分割でもらっていたとみなされ（連年贈与）贈与税が課税される恐れがあるため、3年に1回や4年に1回、110万円の範囲でまとめてもらうのがいいでしょう。その場合、贈与契約を取り交わし、証拠として銀行送金で贈与するという方法で行いましょう。

暦年課税と相続時精算課税の違い

※1　2024年1月1日以降の贈与から7年

	暦年課税	相続時精算課税
どんな制度？	1年間に贈与した財産の合計額に課税される制度	贈与税を抑えるかわりに、相続税で税金を払う制度
贈与者（財産をあげる人）	制限なし	60歳以上の父母、祖父母
受贈者（財産をもらう人）	制限なし	18歳以上の子ども、孫
非課税枠	年間110万円	累計2,500万円
非課税枠を超過した場合の税率	10～55%	一律20%
贈与者が亡くなった場合	亡くなる前3年※1以内の贈与は無効。相続税がかかる	贈与財産は相続税の対象となる

相続時精算課税は一度で大型の贈与ができるのがメリット。ただ、暦年課税と併用することはできません。また、贈与時は税金がかからなくても、将来相続するときに税金がかかる場合もあります

対する相続時精算課税が向いているのは、**一度にまとめて財産を贈与したい人**です。また、将来値上がりする可能性のある財産の贈与を受ける場合にも有効です。

将来、相続税は、贈与を受けたときの価格で計算されます。仮に1000万円で贈与を受けた財産が2000万円に値上がりしていても、相続税の計算上は1000万円の財産とされるので、その分税額が少なくて済むというわけです。

なお、教育資金、結婚・出産・育児資金、住宅取得資金にも**一括贈与による非課税の特例**があります。自分の子ども（親から見れば、孫）に贈与させることで相続時の財

一括贈与の特例も

	教育資金	結婚・出産・育児資金	住宅取得資金
年齢要件※1	0〜29歳の子ども、孫	18〜49歳の子ども、孫	18歳以上の子ども、孫
所得要件	受贈者1,000万円以下	受贈者1,000万円以下	年間合計所得※2 2,000万円以下
1人あたりの上限	1,500万円	1,000万円	500万円〜1,000万円
主な用途	・学校の入学金、授業料 ・学習塾の費用　など	・婚礼費用、新居の費用 ・不妊治療、出産費用 ・育児費用　など	・住宅の新築、取得 ・住宅の増改築　など

※1　対象条件や例外も多いので、申請前に要確認
※2　事業所得、給与所得、配当所得、不動産所得などの所得金額を合計した金額

自分の子（親から見れば、孫）の贈与で活用すれば相続税が減らせる

産を減らせますので、要件を満たすのであれば検討しましょう。

また、**「家族信託」**を利用すると、親が認知症を発症したり、重度の病気で倒れたりして、自分で自分の財産を管理できなくなったときに、自分の財産の管理や処分を子どもに任せることができます。たとえば、子どもが親の介護に必要なお金を親の口座から引き出して使ったり、親の保有する株式を売却したりできる、というわけです。

家族信託では、財産を相続する人を選べます。家族信託の契約のなかで財産を継がせる人を決めることで、遺言と同様の効果

家族信託のイメージ

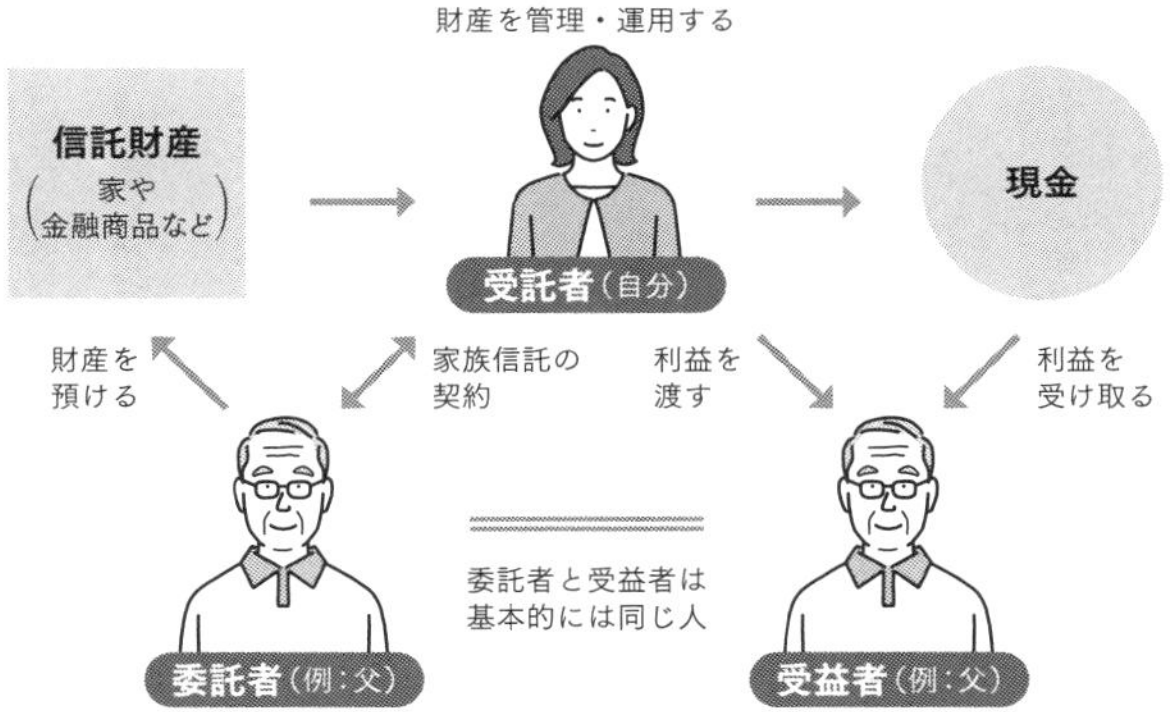

が得られます。しかも、**財産を相続する子の代（次の相続）だけでなく、孫の代（次の次の相続）まで指定することができる**ため、より思いどおりの相続ができます。

　そのうえ、家族信託で財産をどうするかあらかじめ決めておけば、相続時の遺産分割協議をする必要がなくなります。家族間の揉めごとを減らすのにも役立ちます。

　ただし、家族信託の手続きは非常に複雑です。個人で手続きをしようとすると大変ですし、トラブルのもとですので、司法書士などの専門家に相談することをおすすめします。

16 給料ダウンに応じた給付金、いくらもらえる？

定年後、再雇用や再就職をしても、給料が大きくダウンしてしまう可能性が高いでしょう。そうした収入減を補う給付金に「**高年齢雇用継続給付**」があります。

高年齢雇用継続給付には、「**高年齢雇用継続基本給付金**」と「**高年齢再就職給付金**」の2種類があります。高年齢雇用継続基本給付金は同じ会社に再雇用された場合の給付金。失業手当（雇用保険の基本手当）を受け取らずに働き続けた方が対象です。対する高年齢再就職給付金は基本手当を受け取って再就職した場合の給付金です。

どちらも、**60歳以降の給料が60歳時点の75％未満になったときに、最大で15％の給付金が受け取れる**制度です。

ただし、高年齢雇用継続基本給付金は65歳になる月まで受給できるのに対して、高年齢再就職給付金は失業手当の支給残日数が２００日以上の場合は2年間、１００日以上の場合は1年間となっています。また、65歳に達した場合は、高年齢再就職給付

2種類ある高年齢雇用継続給付

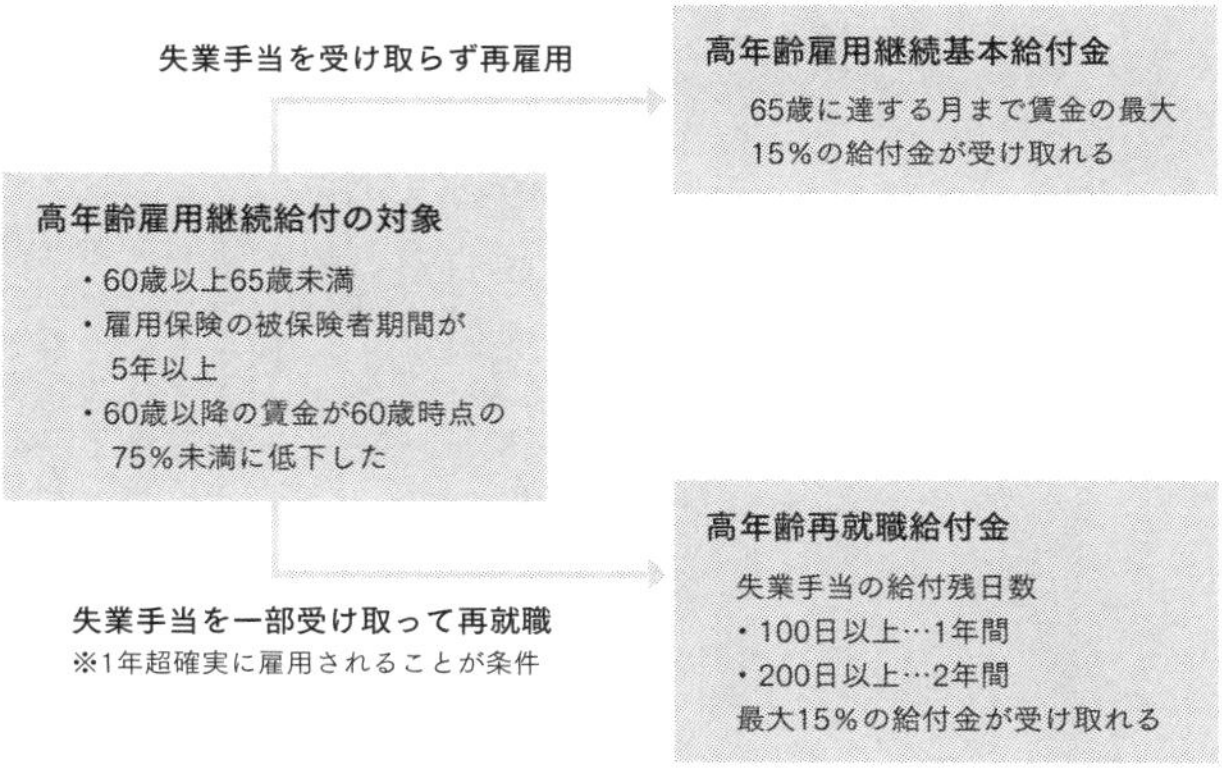
失業手当を受け取らず再雇用
高年齢雇用継続基本給付金
65歳に達する月まで賃金の最大15%の給付金が受け取れる
高年齢雇用継続給付の対象
・60歳以上65歳未満
・雇用保険の被保険者期間が5年以上
・60歳以降の賃金が60歳時点の75%未満に低下した
失業手当を一部受け取って再就職
※1年超確実に雇用されることが条件
高年齢再就職給付金
失業手当の給付残日数
・100日以上…1年間
・200日以上…2年間
最大15%の給付金が受け取れる

金の受給日数が残っていても、そこで支給が終了します。

高年齢雇用継続給付の給付額は、賃金の低下率によって変わります。賃金の低下率は「60歳以降の賃金÷60歳到達時の賃金×100」で計算します。賃金の低下率を算出したら、52ページで紹介した給付額の一覧表から支給率を確認します。その支給率を60歳以降の賃金にかけることで、支給額がわかります。

たとえば、60歳到達時の給料が30万円で、再雇用後の給料が21万円になった場合、賃金の低下率は21万円÷30万円×100=70%です。一覧表より、賃金の低下率が

70％の場合の支給率は４・６７％。再雇用後の給料21万円に４・６７％をかけると、９８０７円となります。この金額が**65歳に到達する月まで受け取れる**ことがわかります。

また、高年齢雇用継続基本給付金には賃金の上限額と支給の下限額があります。２０２１年８月以降の場合、賃金が36万５８４円以上だと高年齢雇用継続基本給付は受け取れません。また、高年齢雇用継続基本給付の給付額が２０６１円を超えない場合も支給されません。**この金額は毎年８月に更新され、前後します。**

なお、高年齢雇用継続基本給付金は２０２５年度に60歳に到達する方から給付率が半減し、２０３０年度以降に60歳に到達する１９７０年生まれの方からは廃止される予定です。

17 高年齢雇用継続基本給付金の受け取り、すべきか、すべきでないか？

高年齢雇用継続給付は、給与ダウンがあっても再雇用・再就職で働く方の強い味方になる給付金です。しかし、特別支給の老齢厚生年金を受け取る場合は注意が必要です。**高年齢雇用継続給付を受け取る場合、特別支給の老齢厚生年金の一部減額が行われる**からです。

支給停止される年金額は、高年齢雇用継続給付の支給率に応じて異なります。**最大で賃金の６％**となっています。高年齢雇用継続給付の支給率が高くなるほど、特別支給の老齢厚生年金の支給停止割合も高くなります。

たとえば、60歳時点の賃金が30万円、現在の賃金が15万円、63歳から特別支給の老齢厚生年金が月額10万円受け取れる人がいるとします。

この人の63歳からの収入は、

・**賃金…15万円（賃金の低下率50％）**
＋高年齢雇用継続基本給付金…2万2500円（15万円×支給率15％）
＋特別支給の老齢厚生年金…10万円
－年金の支給停止額…9000円（15万円×停止割合6％）

となるため、合計で26万3500円となります。この場合、特別支給の老齢厚生年金が本来よりも月9000円少なくなる、というわけです。

もっとも、特別支給の老齢厚生年金の減額率は高年齢雇用継続給付の支給率より緩やかです。**高年齢雇用継続給付よりも年金が減ることはありません。**ですから、たとえ特別支給の老齢厚生年金が減ったとしても、働いたほうが収入としては多くなります。

それに、**60歳以降も働くことで厚生年金は増えます。**特別支給の老齢厚生年金の多少の減額には目をつぶって、働くほうがいいでしょう。

高年齢雇用継続給付と特別支給の老齢厚生年金の関係

現在の給料の 60歳時点からの低下率	高年齢雇用継続給付の 給付率	特別支給の老齢厚生年金の 支給停止割合
75%以上	0.00%	0.00%
74.00%	0.88%	0.35%
73.00%	1.79%	0.72%
72.00%	2.72%	1.09%
71.00%	3.68%	1.47%
70.00%	4.67%	1.87%
69.00%	5.68%	2.27%
68.00%	6.73%	2.69%
67.00%	7.80%	3.12%
66.00%	8.91%	3.56%
65.00%	10.05%	4.02%
64.00%	11.23%	4.49%
63.00%	12.45%	4.98%
62.00%	13.70%	5.48%
61%以下	15.00%	6.00%

給料が大きく減るほど高年齢雇用継続給付の給付率は増加する

給料が大きく減るほど特別支給の老齢厚生年金の支給停止割合も増えるが、高年齢雇用継続給付の給付率ほどには減らない

18 退職後の健康保険、1年目は「任意継続」を選ぶのがベスト

会社を定年退職すると、会社の健康保険から脱退します。しかし、日本は「国民皆保険」で、すべての国民が何らかの健康保険に加入するため、定年退職後も、健康保険に加入します。

定年退職後の健康保険の選択肢には、大きく次の4つがあります。

①再雇用・再就職先の健康保険に加入する

定年後、再雇用・再就職する場合には、勤め先の健康保険に加入できます。正社員はもちろん、短時間労働者であっても条件をすべて満たす場合には加入できます。健康保険料は会社と折半して支払います。また、給与が下がった場合にはその分、健康保険料も下がります。保険加入の手続きは再雇用・再就職先の会社で行います。

②家族の健康保険に入る

配偶者や子など、健康保険に加入している家族が生計を維持しているならば、その家族に扶養してもらう（被扶養者になる）ことで、健康保険に加入できます。

健康保険に加入している家族に扶養してもらう場合は、その家族の会社での手続きが必要です。退職日から5日以内の申請が必要なので、家族にあらかじめ話しておきましょう。

③任意継続する

任意継続は退職する前の会社の健康保険に引き続き加入できる制度です。任意継続すると、会社が負担していた保険料も自分で支払う必要があるため、保険料負担は増加しますが、次に説明する国民健康保険よりも保険料を抑えられる場合があります。

任意継続できるのは退職後2年間のみ。退職の翌日から20日以内に手続きすることが条件です。また、傷病手当金が受けられない点にも注意が必要です。なお、任意継続では家族を扶養に入れることができるため、保険料が安くなる場合があります。

④国民健康保険に加入する

①〜③までの保険に加入しない場合は、自営業者やフリーランス同様、国民健康保険に加入します。国民健康保険の保険料は前年の所得で決まるため、退職してすぐに国民健康保険に加入すると、保険料が高くなってしまう可能性があります。

定年後、再雇用・再就職する場合には①の健康保険に加入するので問題ありません。また、再雇用・再就職しない場合も、条件を満たせば②の家族の健康保険に加入でき、保険料の負担をゼロにできます。

①②の条件を満たさない場合は、③の任意継続か④の国民健康保険となります。

おすすめは、**1年目は任意継続をする**ことです。特に現役時代の給与が多かった人は保険料が抑えられますし、配偶者など、扶養家族の保険料負担が増えないからです。

しかし、**2年目は任意継続にするか、国民健康保険に切り替えるかを検討**しましょう。国民健康保険の保険料は前年の所得によって決まるため、退職によって1年目の

定年退職後の健康保険 4つの選択肢

	① 再雇用・再就職先の健康保険に加入する	② 家族の健康保険に入る
手続き先	再雇用・再就職した会社 （入社日から5日以内）	家族が勤めている会社 （退職日から5日以内）
加入条件	・所定労働時間・所定労働日数が常時雇用者の4分の3以上 または ・週の所定労働時間が20時間以上 ・雇用期間が1年以上見込まれる（2022年10月からは「2か月超」） ・賃金の月額が8万8000円以上	・年収180万円未満（60歳以上） ・年収130万円未満（60歳未満） かつ家族の年収の2分の1未満
加入できる期間	退職まで	74歳まで
保険料の計算	標準報酬月額 （40歳～64歳までの場合、介護保険料率が含まれる） 会社と折半して負担	被扶養者の保険料負担なし

	③ 任意継続する	④ 国民健康保険に加入する
手続き先	加入していた健康保険組合、または協会けんぽ （退職日の翌日から20日以内）	お住まいの自治体 （退職日の翌日から14日以内）
加入条件	退職前に健康保険の被保険者期間が2か月以上あること	国内に住所があること →退職日の翌日から14日以内に手続き
加入できる期間	退職後2年間	74歳まで
保険料の計算	退職時の標準報酬月額 （40歳～64歳までの場合、介護保険料率が含まれる） 全額自己負担	前年の所得をもとに、自治体ごとに計算

所得が大きく減った場合、2年目は任意継続よりも国民健康保険を選んだほうが保険料を減らせる可能性があるのです。

国民健康保険の保険料は市区町村により異なりますので、お住まいの自治体で確認し、任意継続の保険料と比べることをおすすめします。

第4章

65歳からの資産寿命を延ばす「正解」

1 65歳以降は「高年齢求職者給付金」の受け取りが可能に！

雇用保険に加入している人が離職すると、一定期間失業手当（雇用保険の基本手当）が受け取れます。高年齢求職者給付金は、65歳以上の方が離職したときに一定期間受け取れる「**65歳以降の失業手当**」ともいうべきお金です。

高年齢求職者給付金の受給条件や金額の計算方法などは失業手当とほぼ同じです。高年齢求職者給付金は、65歳以上の方が離職して「失業の状態」にあるときに支給されます。

失業の状態とは、**就職する意思、能力があるのに職業に就けない状態、積極的に求職活動を行っている状態**のこと。ですから、「定年退職後に少し休みたい」「家事に専念する」「病気などで働けない」といった場合には受け取れません。また、離職の日以前1年間に、雇用保険の被保険者期間が通算6か月以上必要です。

高年齢求職者給付金の金額の計算方法は、退職直前6か月の賃金日額をもとに算出される「基本手当」と支給日数をかけた金額になります。64歳までの失業手当と基本的に同じ計算方法です。

ただ、高年齢求職者給付金の支給日数は雇用保険の被保険者期間が**1年未満の場合30日分、1年以上の場合でも50日分**となっています。ですから、失業手当よりも日数が少ない分、もらえる金額は少なくなります。

しかし、失業手当は年金と一緒に受け取ることができません。ハローワークで休職の申し込みをした時点で、繰り上げ受給した老齢厚生年金や特別支給の老齢厚生年金など、65歳までの間に受け取れる年金は支給停止になってしまいます（なお、繰り上げ受給した老齢基礎年金は受け取れます）。

その点、高年齢求職者給付金は**老齢厚生年金と一緒に受け取ることができます**。しかも、30日分または50日分のまとまった金額が一度に受け取れます。

年齢の上限や受給回数の制限もないため、離職して条件を満たすたびに**何度でも受け取れます**。65歳以降に退職し、次の仕事を探すなら、忘れずに手続きをして、高年齢求職者給付金を受け取りましょう。

とはいえ、今後の日本はますます人材不足が深刻化していきますから、「高年齢求職者給付金」を受け取りたくてもすぐ次の仕事が見つかって受け取れないかもしれません。あくまでも雇用保険は「保険」なので、受け取れなくても残念に思うことはありません。給付金をもらうことを目的にしては本末転倒です。

なお、高年齢求職者給付金の手続きは、最寄りのハローワークで行います。離職票、マイナンバーカード（または個人番号のわかる書類と身元確認書類）、顔写真、本人名義の預金通帳（またはキャッシュカード）を持参し、求職の申し込みを行います。申し込み後、受給資格者の確認を受けてから7日間は、失業手当と同様に待機期間があります。また、**自己都合退職の場合は原則として2か月の給付制限**がかかります。

高年齢求職者給付金の受給期限は、**離職日の翌日から1年**です。これも失業手当と同じです。受給期限を過ぎてしまった日数については、高年齢求職者給付金を受け取ることはできません。なにより、次の仕事を探す都合もあるのですから、なるべく早く手続きをするようにしましょう。

高年齢求職者給付金、いくらもらえる？

● 65歳以上の基本手当日額

賃金日額（w円）※1	給付率	基本手当日額（y円）
2,577 円以上4,970 円未満	80%	2,061 円～3,975 円
4,970 円以上12,240 円以下	80%～50%	3,976 円～6,120 円 ※2
12,240 円超13,520 円以下	50%	6,120 円～6,760 円
13,520 円(上限額)超	—	6,760 円(上限額)

※1　退職前6か月の賃金合計を180で割った金額

※2　y=0.8w-0.3{(w-4,970)/7,270}w

● 高年齢求職者給付金の支給日数

雇用保険の被保険者期間	1年未満	1年以上
支給日数	30日分	50日分

（例）賃金日額1万3000円・雇用保険の被保険者期間１年以上の方の
高年齢求職者給付金額

1万3000円×50％＝6500円（基本手当日額）

6500円×50日分＝**32万5000円**

32万5000円が
一括で受け取れる！

2 「年金400万円以下」でも確定申告をしたほうがいい!?

老後に受け取れる年金は、雑所得として所得税や住民税の課税の対象になります。ただし、65歳未満で年金受給額が**108万円以下**、65歳以上で年金受給額が**158万円以下**の場合には、所得税がかかりません。所得から基礎控除（48万円）と公的年金等控除（65歳未満は60万円、65歳以上は110万円）を差し引けるからです。

年金受給額が108万円、158万円を超える場合は、所得税が源泉徴収されます。源泉徴収される金額は、年金額から社会保険料や各種控除を差し引きしたあとの**所得の5・105%**（2037年まで復興特別所得税を含む）となっています。

また、前年の所得に応じて住民税もかかります。住民税の税額は年金の額や年齢、扶養親族の有無だけでなく、お住まいの自治体によっても変わります。

あくまで目安ですが、扶養親族がいない場合、65歳未満であれば98〜105万円程度、65歳以上であれば148〜155万円程度までであれば、住民税はかかりません。

所得税・住民税が非課税になる年金受給額

	65歳未満	65歳以上
所得税	108万円以下	158万円以下
住民税	98万円~105万円 （自治体により異なる）	148万円～155万円 （自治体により異なる）

※収入が公的年金のみ、扶養親族がいない場合の目安

しかし、これを超えると住民税もかかります。

年金から天引きされる所得税は、あくまで概算の金額です。働いて得た給与から天引きされる所得税も、ひとまず概算で支払い、毎年末の年末調整で過不足を調整します。もし税金を払いすぎていれば、その分が還付されるのです（なお、税金が不足する場合は追加で納めます）。しかし、**年金には年末調整がありません**。ですから、税金を正しく納めるには、確定申告をする必要があるのです。

とはいえ、老後に毎年確定申告をするのは負担だという方も多いでしょう。そこで国は「**確定申告不要制度**」を用意しています。こ

れにより、

・公的年金等の収入金額（2か所以上ある場合は合計額）が400万円以下

・公的年金等に係る雑所得以外の所得が20万円以下

の場合には、確定申告をしなくてもよくなっています。

もしも収入が年金のみなら、ほとんどの場合、確定申告不要制度が利用できるはずです。負担をなくすという意味では、確定申告をしなくていいのは便利だといえます。

しかし、**確定申告をしないと、納めすぎた所得税を取り戻すことができません。**また、各種控除を利用して税額を減らしたい場合も、確定申告が必要です。ですから、年金が400万円以下であっても、確定申告をしたほうがいいでしょう。

税金を減らす控除には、たとえば次のようなものがあります。

●医療費控除

病気やケガで通院・入院・手術などをして一定額以上の医療費を支払った場合、医療費控除をすることによって税金が戻ってきます。

確定申告不要制度

●確定申告が必要かをチェック

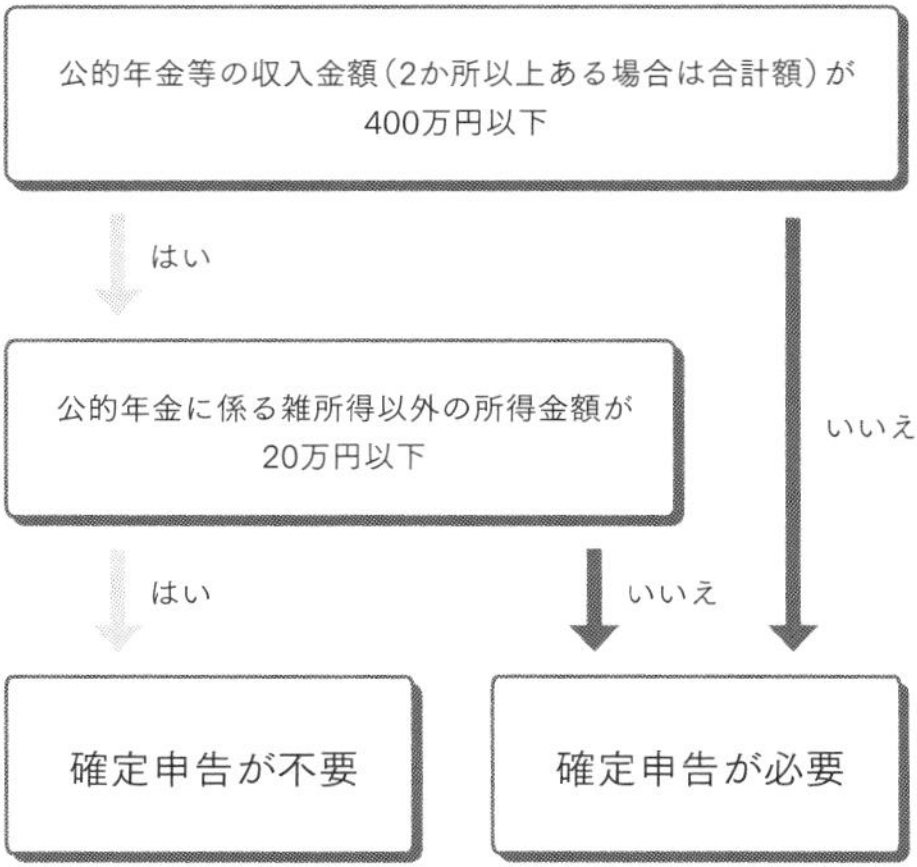

●確定申告が不要でもしたほうがいい場合

所得税の還付を受ける場合

・マイホームを住宅ローンなどで取得した場合
・一定額以上の医療費を支払った場合
・災害や盗難にあった場合　　など

住民税の申告が必要な場合

・公的年金などに係る雑所得のみがある方で、「公的年金などの源泉徴収票」に記載されている控除以外の控除（生命保険料控除や損害保険料控除、医療費控除など）を受ける場合
・公的年金などに係る雑所得以外の所得がある場合　　など

医療費控除の控除額は、（かかった医療費の合計額－保険金などで補てんされる金額）－10万円（所得が200万円未満の人は所得の5％）。上限は200万円までとなっています。したがって、一般的には「医療費を10万円以上支払った場合に医療費控除ができる」と考えられがちです。かつて医療費控除を利用したことがある方も、「10万円以上」と思っているかもしれません。

しかし、年金生活者の場合、所得が200万円以上になるケースはそれほど多くないでしょう。**所得が200万円未満で、年間で「所得の5％」以上の医療費を支払っていれば、医療費控除が利用できます。**たとえば、所得が160万円の場合、医療費控除は160万円×5％＝8万円以上の医療費を使っていればできる、というわけです。

医療費が少ないからといって「医療費控除が使えない」と思い込まず、年間の所得と医療費を集計してみましょう。もしかしたら、医療費控除が使えるかもしれません。

医療費控除の対象となるものは、治療を目的とした費用です。医療機関で支払った自己負担分の医療費はもちろん、薬局で支払った薬代、通院に要した交通費なども医

医療費控除の対象になるもの・ならないもの

医療費控除が認められる	○　病院でかかった医療費、交通費	医療機関で払う医療費や薬代。交通費はガソリン代はNGだが、電車やバスはOK。タクシー代はやむを得ない場合は認められる
	○　入院のための部屋代、食事代	病院から提供される食事や部屋にかかる費用は対象。その他診療を受けるための吸いのみなどの器具もOK
	○　歯の矯正（美容目的以外）	治療はもちろん、審美以外の矯正、子どもの矯正、インプラントなどは控除の対象
	○　治療用に買った医薬品	風邪薬や湿布薬など市販品も治療目的で購入したものは対象。漢方薬も医師の処方箋があればOK
	○　治療のためのマッサージ	鍼灸師や指圧師など資格者から、治療のために受けた施術の費用はOK。疲労回復、健康維持目的はNG
医療費控除が認められない	×　健康診断、人間ドックなどの健診費用	
	×　サプリメントや栄養ドリンク	
	×　インフルエンザなどの予防接種代	
	×　コンタクトレンズ代など	

療費控除の対象になります。**交通費は、電車やバスなら問題ありません。**自家用車のガソリン代はNGですが、タクシー代は「どうしてもタクシーでなければ病院までの移動ができない」といった事情があれば認められます。

治療目的であれば、市販の風邪薬や胃腸薬、湿布薬なども医療費控除の対象になります。漢方薬も、医師の処方がきちんとあるならOKです。さらにはマッサージや歯の矯正なども、治療が目的であれば認められます。

一方で、病気の予防・美容・健康維持などを目的とした費用は医療費控除の対象外です。健康診断や予防接種は認められません。医師の処方のない漢方薬や体の疲れをとるためのマッサージ、美容目的の歯の矯正なども対象外。栄養ドリンクやサプリメントも医療費控除の費用としては認められません。

人間ドックも基本的には対象外ですが、人間ドックを受けた結果、重大な病気が見つかり、引き続き治療をした場合は人間ドックも治療の一環（診察）と考えられるため、医療費控除の対象になります。

医療費控除は生計を一にする親族の医療費も合算して申請できますので、**普段から領収書を取っておく**ようにしましょう。

●セルフメディケーション税制

セルフメディケーション税制は、薬局などで売られている対象の医薬品（スイッチOTC医薬品）を購入した場合に利用できる控除です。スイッチOTC医薬品には、多くの場合「**セルフメディケーション 税控除対象**」と書かれたマークが記載されています。ですから、購入する際に見分けがつくでしょう。購入後受け取るレシートにも、★や◆などのマークが記載されます。

セルフメディケーション税制の対象となる取り組み（健診等）

1	保険者（健康保険組合、市区町村国保等）が実施する健康診査（人間ドック、各種健〈検〉診等）
2	市区町村が健康増進事業として行う健康診査（生活保護受給者等を対象とする健康診査）
3	予防接種（定期接種、インフルエンザワクチンの予防接種）
4	勤務先で実施する定期健康診断（事業主検診）
5	特定健康診査（いわゆるメタボ検診）、特定保健指導
6	市町村が健康増進事業として実施するがん検診

＊国税庁のウェブサイトより

セルフメディケーション税制の控除額は、「実際に支払ったスイッチOTC医薬品の購入費－1万2000円」です。控除できる**上限は8万8000円**となっています。

つまり、**年間10万円までのスイッチOTC医薬品の購入費用が控除の対象になる**というわけです。医療費控除が利用できるほど医療費がかかっていない場合でも、セルフメディケーション税制なら利用できて税金が安くできるかもしれません。

ただし、セルフメディケーション税制を利用するには、日ごろから健康増進や病気の予防といった一定の取り組みをしていることが必要です。

2020年（令和2年）分までは、確定申告の際に所定の健診を受けたことを示す書類（領収書や結果通知表）を添付して提出する必要がありました。しかし、2021年（令和3年）分からは、書類添付の必要はなくなりました。ただし、確定申告期限後5年間は、**税務署から提示、提出を求められる場合がある**ので、大切に保管しておきましょう。

なお、医療費控除と同様、生計を一にする親族の医薬品の購入費も合算して申請できます。しかし、医療費控除とは併用できませんので、有利となる（税金がより減らせる）制度で申請しましょう。

●ふるさと納税

ふるさと納税は、自分で選んだ自治体に寄付して手続きすると、**2000円を超える金額を、所得税や住民税から控除（寄附金控除）できる**制度です。多くの自治体では、ふるさと納税をするとお礼の品（返礼品）をプレゼントしてくれます。

年金を受け取り、所得税や住民税を支払っているなら、ふるさと納税も活用できます。ただし、自己負担額2000円で済む寄付金額の上限は、年収などにより異なり

自己負担2000円となるふるさと納税寄付金額の目安

	65歳未満		65歳以上	
年収	独身	専業主婦の妻あり	独身	専業主婦の妻あり
150万円	11,000円	3,000円	0円	0円
200万円	20,000円	11,000円	12,000円	4,000円
250万円	28,000円	20,000円	24,000円	15,000円
300万円	37,000円	29,000円	36,000円	27,000円
350万円	46,000円	38,000円	46,000円	38,000円
400万円	58,000円	47,000円	58,000円	47,000円
450万円	69,000円	61,000円	69,000円	61,000円
500万円	79,000円	71,000円	79,000円	71,000円

※「専業主婦の妻あり」は「専業主夫の夫あり」でも同じ

ます。

たとえば、65歳未満で専業主婦の妻を持つ夫（または専業主夫の夫を持つ妻）がいるとします。この方の年収が300万円だった場合、自己負担2000円となる寄付金額の上限はおよそ2万9000円となります。

つまり、ここから自己負担額2000円を除いた2万7000円を税金から差し引くことができます。また、2万9000円の3割にあたるおよそ**8700円分の返礼品**を受け取ることができます。

損益通算、損失の繰越控除

「損益通算」とは、利益と損失を相殺することです。たとえば、2つの証券会社で株式投資を行い、一方で50万円の利益、もう一方で100万円の損失があったとします。このとき、確定申告を行い損益通算すれば、利益は0円になるため、税金がかからなくなります。

また、損益通算をしてもなお引ききれない損失は、**翌年以降3年以内に生まれた利益と相殺**することができます。これを「損失の繰越控除」といいます。

損益通算・損失の繰越控除は節税に役立つので、もし損失を抱えているなら忘れずに確定申告しておきましょう。ただし、繰越控除で3年間にわたって損失を繰り越したい場合は、ほかに確定申告することがなくても確定申告が必要です。

また、**NISA口座での利益、損失は損益通算や繰越控除の対象外**となりますので、注意してください。

損益通算と繰越控除

● 損益通算
…利益と損失を相殺し、トータルの金額で税額を計算するしくみ

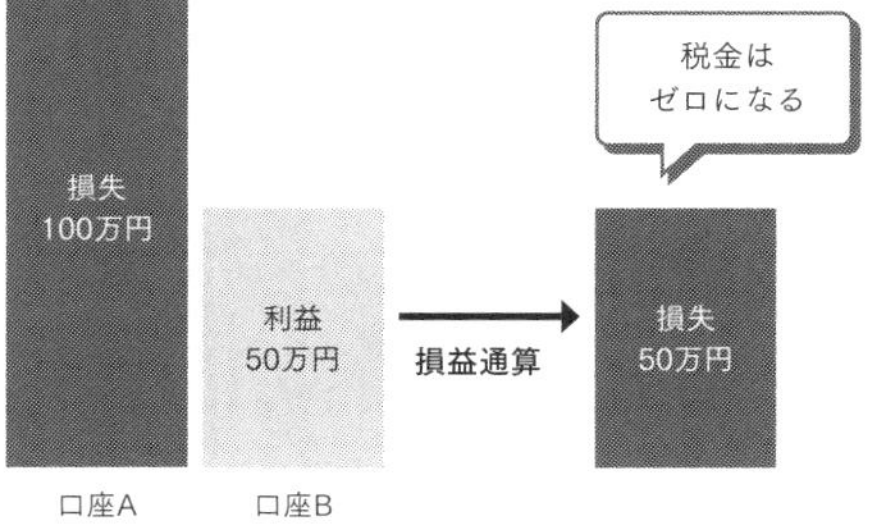

● 繰越控除
…損益通算で引ききれなかった損失を
最長3年間繰り越して利益と相殺できるしくみ

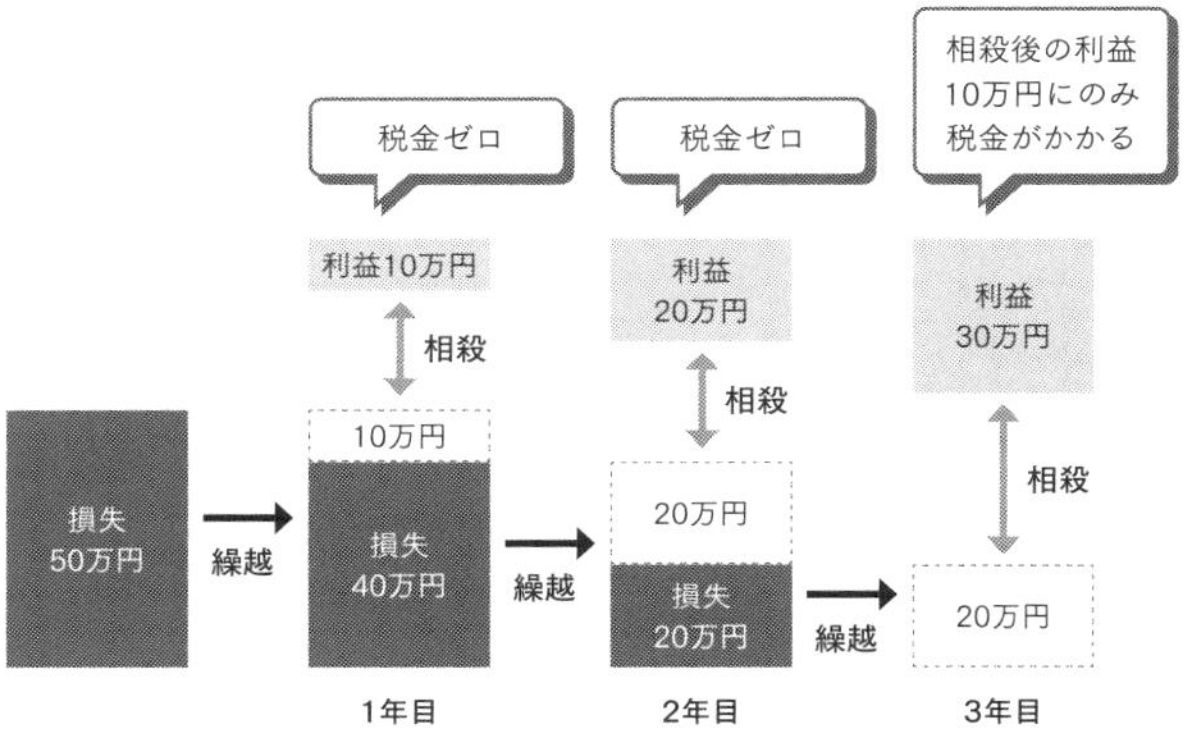

3 老齢年金の請求手続き、これだけ知っていれば大丈夫

65歳になると、老齢年金を受け取る権利が発生します。国民年金の老齢年金を「老齢基礎年金」、厚生年金の老齢年金を「老齢厚生年金」といいます。これらの老齢年金は、65歳になったからといって自動的に支給が始まるわけではありません。年金は、**請求手続きをすることではじめて受け取れます**。

老齢年金の請求手続きは、次のような流れで行います。なお、ここでは65歳から老齢年金を受け取る場合として紹介します。

①（65歳になる3か月前）日本年金機構から「年金請求書」や「老齢年金のお知らせ」などの書類が自宅に届く

②年金請求書に必要事項を記入

年金請求書には、日本年金機構にある住所や氏名、基礎年金番号や年金記録といった情報があらかじめ印字されています。内容に誤りがないか確認するとともに、その他の項目に記載していきます。

③（65歳の誕生日以降）必要書類を添付して提出

年金請求書に必要書類を添付して提出します。必要書類は、年金手帳（または基礎年金番号通知書）・厚生年金保険被保険者証・戸籍謄本（または戸籍抄本）・住民票・本人名義の金融機関の通帳など多岐にわたります。また、加給年金や振替加算を受ける人や雇用保険を受け取っている人など、請求する人の状況によっても必要な書類が変わってくるので、詳しくは年金事務所などに確認してください。

提出先は、老齢基礎年金だけを受け取る人（国民年金の第1号被保険者期間のみの人）は市区町村の窓口です。それ以外（老齢厚生年金も受け取る第2号被保険者、第2号被保険者に扶養されていた第3号被保険者）は年金事務所に提出します。

④（提出の1～2か月後）年金証書・年金決定通知書が届く

年金証書は年金を受ける権利を証明する書類、年金決定通知書は受け取れる年金額を知らせる書類です。

⑤偶数月の15日に、2か月分の年金が受け取れる

年金証書が届いてから1~2か月後に、年金の受け取りがスタートします。年金は、年金請求書で指定した金融機関の口座に振り込まれます

受け取れる年金は、支払い月の前月までの2か月分となっています。たとえば4月15日に受け取れる年金は2月と3月の2か月分の年金です。

年金をもらうための手続きの流れ

① 年金請求書や老齢年金のお知らせなどの書類が届く

↓

② 年金請求書に必要事項を書く

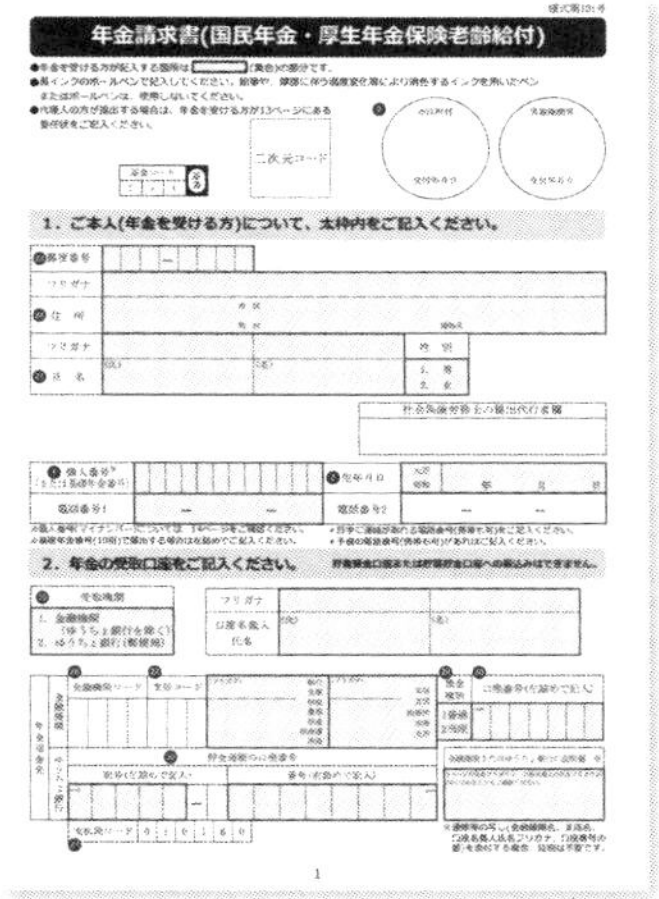

年金請求書(国民年金・厚生年金保険老齢給付)

1. ご本人(年金を受ける方)について、太枠内をご記入ください。

2. 年金の受取口座をご記入ください。

すでに記載のある内容に間違いがあったら二重線で消して修正

↓

③ 必要書類を用意し、年金請求書とともに提出

すべての期間が国民年金の場合

…市区町村の国民年金窓口

厚生年金も受け取る場合・国民年金の第3号被保険者

…年金事務所または年金相談センター

↓

④ 年金証書・年金決定通知書が届く

↓

⑤ 年金の振り込みがスタート

年金を66歳以降に繰り下げ受給する場合は年金請求書を「**提出しない**」点に注意してください。年金請求書が65歳の3か月前に届いたからといって、うっかり手続きをしてしまうと、年金も65歳からの支給になってしまいます。

繰り下げ受給は、あらかじめ「いつまで繰り下げる」と申請する必要はありません。66歳以降の受け取りを希望する時期に年金請求書を提出するだけです。その際、年金請求書と一緒に「**老齢基礎年金・老齢厚生年金 支給繰下げ申出書**」を提出します。老齢基礎年金・老齢厚生年金 支給繰下げ申出書は、年金事務所や日本年金機構のウェブサイトで入手できます。

繰り下げた年金の受給方法には、**1か月あたり0・7%増額した年金を受け取る方法と、それまで繰り下げてきた年金を一括で受け取る**方法があります。

たとえば、65歳時点で月15万円の年金を受け取れる人が、68歳まで年金を繰り下げたとします。このとき、増額した年金を受け取る方法を選択すると、15万円×125・2%＝約18・8万円の年金を毎月受け取れるようになります。

それに対して、それまで繰り下げてきた年金を一括で受け取ると、15万円×3年

（36か月）＝540万円の年金を一度に受け取れます。その代わり、以後毎月受け取れる年金は15万円となります。

どちらを選ぶかは、そのときの状態次第でしょう。繰り下げ受給を利用すれば、確かに将来の年金額を増やすことができます。しかし途中で病気をした、介護を受けることになったなどで、一度にまとまったお金が必要になった場合は、一括での受け取りのほうが役立つこともあるでしょう。

ただし、**年金の時効は5年**なので、一括で受け取れる年金の最大額は「過去5年」に限られます。うっかり年金の請求を忘れて72歳で一括受け取りをした場合、67歳から72歳までの5年間分の年金はまとめて受け取れるものの、以後は65歳時点の年金額を受け取ることになってしまいます。つまり、65歳、66歳の分は消滅してしまうのです。

しかし、2023年4月からは、70歳の誕生日〜80歳の誕生日の前々日の間に一括で受け取ることを選択した場合には「5年前に繰り下げの請求があった」とみなすようになります。72歳で一括受け取りをした場合、67歳から72歳までの5年間分の年金をまとめて受け取れる点は先ほどと同様ですが、以後は**67歳時点で繰り下げ受給をし**

たのと同じ年金額（16・8%増）を受け取れるようになるのです。いいかえれば、一括受け取りをしても時効による損がなくなる、というわけです。

　したがって、今後はますます繰り下げ受給を選択しやすくなると考えられます。基本は繰り下げ受給で年金増額を狙いつつ、万が一のときには一括受け取りを行う……という使い方が便利でしょう。

繰り下げた年金の受け取り方は2通り

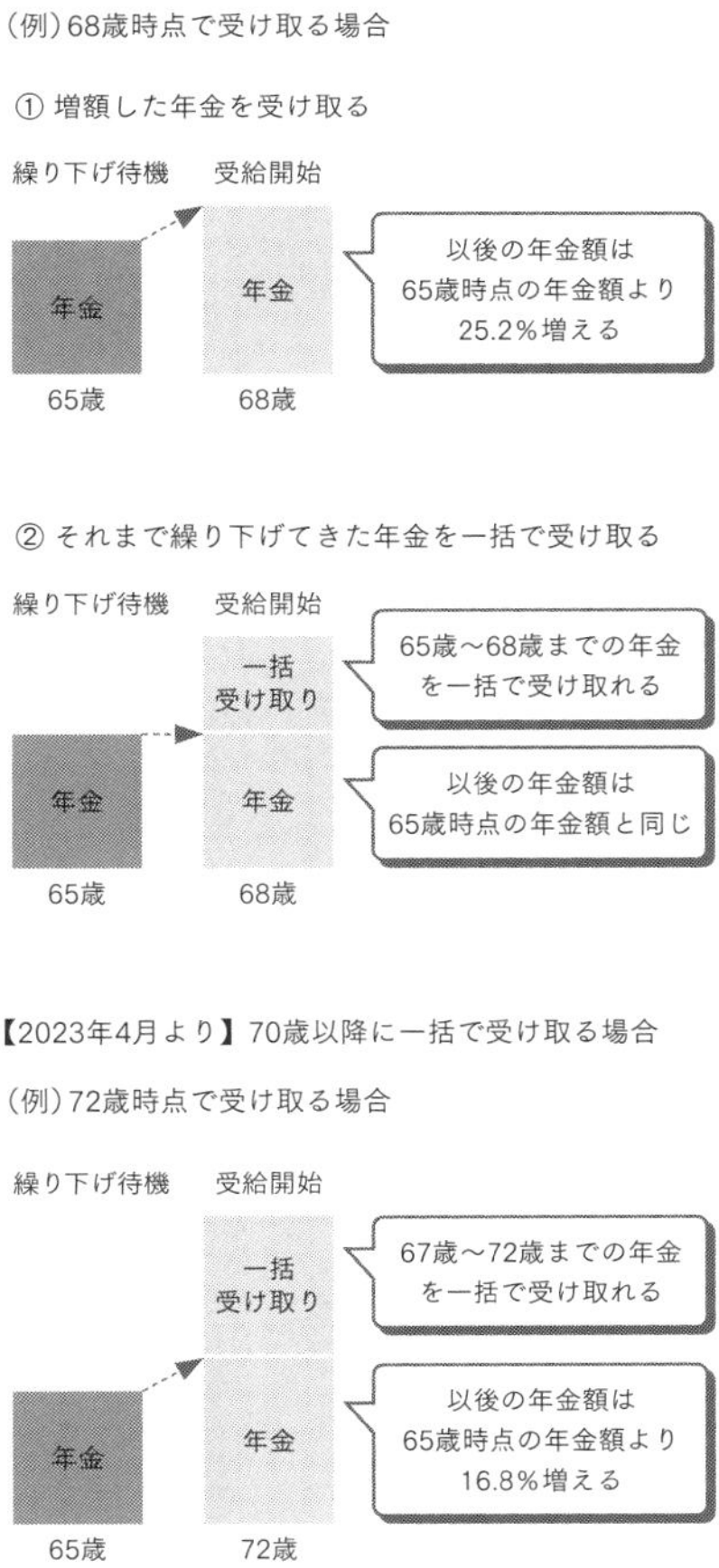

（例）68歳時点で受け取る場合
① 増額した年金を受け取る
繰り下げ待機
受給開始
年金
年金
以後の年金額は65歳時点の年金額より25.2%増える
65歳
68歳
② それまで繰り下げてきた年金を一括で受け取る
繰り下げ待機
受給開始
一括受け取り
65歳〜68歳までの年金を一括で受け取れる
年金
年金
以後の年金額は65歳時点の年金額と同じ
65歳
68歳
【2023年4月より】70歳以降に一括で受け取る場合
（例）72歳時点で受け取る場合
繰り下げ待機
受給開始
一括受け取り
67歳〜72歳までの年金を一括で受け取れる
年金
年金
以後の年金額は65歳時点の年金額より16.8%増える
65歳
72歳

4 資産の取り崩し。「前半は定率、後半は定額」が最も賢い方法

資産運用には「資産を築く時期」と「資産を取り崩す時期」の2つの時期があります。定年を迎えたあとは、資産を取り崩す時期に入っていきます。

資産は大きく、値動きの大きな「**積極型資産**」（株式、FX〈外国為替証拠金取引〉、仮想通貨、投資信託、ETFなど）と「**安定型資産**」（預貯金、国内債券など）に分けられます。積極型資産はリスク性資産とも呼び、市場の状況によって資産が大きく減る可能性をはらんだ資産です。

年齢が上がると市場が大きく下落した場合、回復を待つのが難しいケースもありますし、資産売却の判断力が衰えてくるリスクもあります。**相場の良い時期に株式、仮想通貨、FXなどの積極型資産は売却し、安定型資産に移していく**といった対応も必要になってくるでしょう。

積極型資産のなかでも、投資信託やＥＴＦについては、資産を取り崩す時期だからといって、一度に全部売ることはおすすめしません。

株式、ＦＸ、仮想通貨などと比較して、投資信託やＥＴＦは商品の特性上、分散投資により値動きを抑えられています。その特性を利用して、**運用しながら取り崩すことで、資産寿命を延ばす**という視点を取り入れてほしいのです。売るときもタイミングを分散させることで、安いタイミングで売ることを防げます。

なお、投資信託、ＥＴＦは中身の投資先によって、リスク（値動き）は異なります。

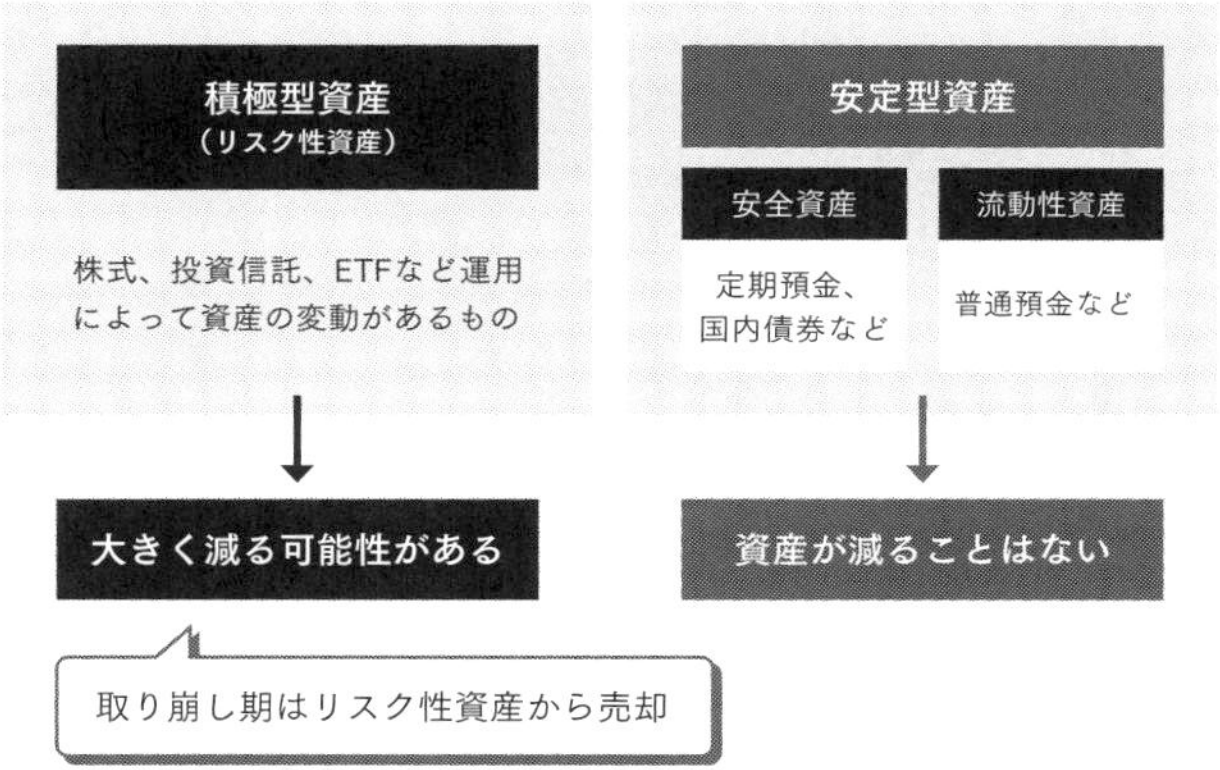

複数の商品を持っている場合は、リスクの大きい商品から取り崩していきましょう。

資産の取り崩し方には、**定額取り崩し**と**定率取り崩し**の2種類があります。

定額取り崩しは、「毎月（毎年）○万円ずつ」と決まった金額を取り崩す方法です。たとえば、2000万円の資産があったとします。これを一気に売却して月10万円ずつ使うと、2000万円÷10万円＝200か月ですから、資産は16年8か月で底をつく計算になります。

しかし、**資産を年利4％で運用しながら取り崩す**と、25年間にわたって、毎月約10・7万円ずつ受け取ることができます。仮に65歳から取り崩しをスタートしたとしたら、**90歳まで資産が持つ**ことに。老後の心強い収入になることは間違いありません。

しかし、必ずしも年利4％で運用が続けられるとは限りません。年によっては、利益がより少ないことや、損失を出すこともあるでしょう。その場合、定額取り崩しでは資産の減りが早くなってしまいます。

そこで考えたいのが、定率取り崩しです。定率取り崩しは、**「毎月（毎年）資産の○％ずつ」と資産を一定の割合で取り崩す**方法です。定率取り崩しは、定額取り崩し

資産の取り崩しのシミュレーション表

●資本回収係数

資産を取り崩しながら一定の利回りで運用した場合に、
毎年いくら受け取れるかを計算する数字

年／年利	1%	2%	3%	4%	5%
10	0.10558	0.11133	0.11723	0.12329	0.12950
11	0.09654	0.10218	0.10808	0.11415	0.12039
12	0.08885	0.09456	0.10046	0.10655	0.11283
13	0.08241	0.08812	0.09403	0.10014	0.10646
14	0.07690	0.08260	0.08853	0.09467	0.10102
15	0.07212	0.07783	0.08377	0.08994	0.09634
20	0.05542	0.06116	0.06722	0.07358	0.08024
25	0.04541	0.05122	0.05743	0.06401	0.07095
30	0.03875	0.04465	0.05102	0.05783	0.06505

（例）2000万円の資産を年利4％で運用しながら25年かけて
取り崩す場合

2000万円×0.06401＝**128万200円**（毎年受け取れる金額）

128万200円÷12＝**約10.7万円**（毎月受け取れる金額）

よりも資産が長持ちするのがメリットです。

資産2000万円を取り崩すときに、

①運用せずに毎年120万円ずつ取り崩す

②年利3%で運用し、毎年120万円ずつ定額取り崩しする

③年利3%で運用し、毎年資産の6%ずつ定率取り崩しする

の3つのパターンを比較したのが次のグラフです。

運用しない場合は先ほどと同じなので16年8か月で資産がなくなります。それに対し、毎年120万円ずつ定額取り崩しすると、資産は22年ほどまで長持ちします。一方で、毎年6%ずつ定率取り崩しすると、**30年後もまだ約760万円残る**計算となるのです。

「それなら、定率取り崩しをすればいいのか」と思われた方もいるかもしれません。しかし、ここには盲点があります。それは、定率取り崩しの場合、年々受け取れる金額が減ってしまうことです。

前半は定率・後半は定額がおすすめ

●2000万円の資産の取り崩しの比較

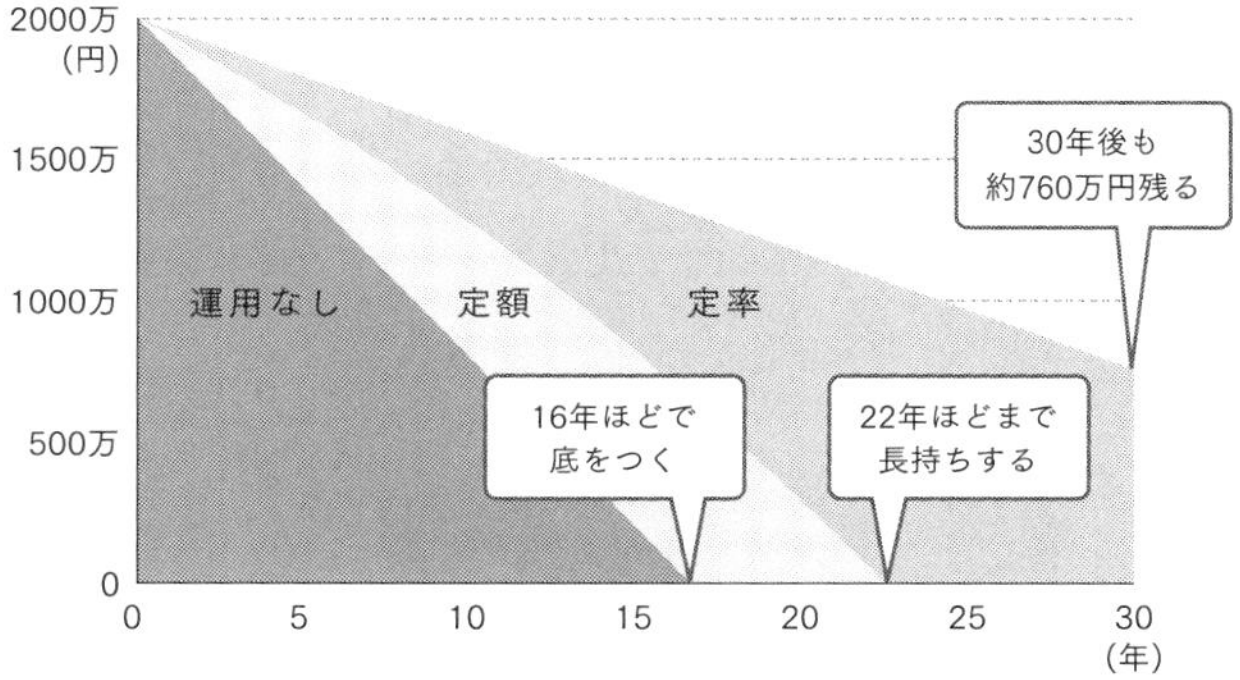

確かに最初の年は120万円取り崩せますが、たとえば資産が500万円に減ると、取り崩せる金額はわずか年30万円になってしまいます。

そこでおすすめなのが、**定額取り崩しと定率取り崩しを組み合わせる**方法です。資産が多いうちは定率取り崩しを行い、資産が少なくなってきたら定額取り崩しを利用していきます。

先の例と同じく、資産2000万円を取り崩す際、まずは年6％の定率取り崩しを行います。そうして、資産が1000万円を切るタイミングで年60万円の定額取り崩しに切り替えたとします。運用によって毎

前半は定率・後半は定額がおすすめ

● 前半は定率取り崩し、後半は定額取り崩しした場合

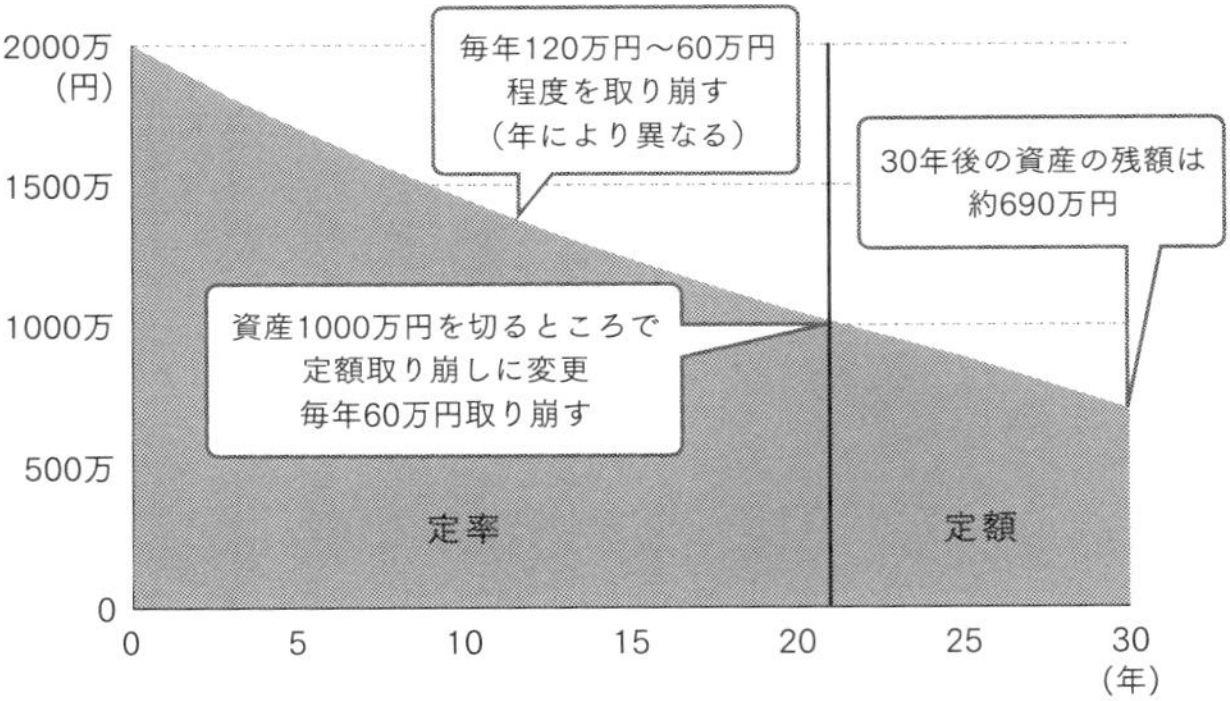

年3％増やせたとすると、単純計算で**21年経過時点まで、年120万〜60万円程度**を受け取れます。

そして、資産が1000万円を切ってきたら、今度は毎年60万円ずつ定額取り崩しを行います。すると、年60万円の取り崩しを続けつつ、**30年経過時点でも約690万円の資産が残る**計算となります。

試算のとおり、毎年3％増やせる運用ができるとは限りません。仮に運用がうまくいかなかった場合は、資産が減ってしまうリスクもあります。しかし、金融庁より、過去20年にわたる長期・積立・分散投資の収益率は年率2〜8％に収まるというレポ

定額取り崩し・定率取り崩しのメリット・デメリットまとめ

	メリット	デメリット
定額取り崩し	・毎年(毎月)の取り崩し額が一定なのでわかりやすい ・生活費のメドをつけやすい	・定率取り崩しよりも資産の減りが早い
定率取り崩し	・資産が長持ちする	・取り崩し額がわかりにくい ・受け取れる金額が年々減っていく

前半は定率、後半は定額 → 資産の減りを抑えながら、
後々まで受け取れる金額をキープしやすい！

ートが出ています。

もちろん、過去の実績をもとにした算出結果であり、将来の投資成果を予測・保証するものではありませんが、**今後も資産運用を続けながら取り崩すことで、長期的にはお金を増やせる可能性が高い、**といえるでしょう。

もっとも、毎月自分で資産を売却するのは手間がかかるものです。また、定額取り崩しはまだわかりやすいものの、定率取り崩しとなると、いちいち自分で計算しなくてはならず面倒です。

金融機関によっては、運用している商品を決まった日に売却して取り崩してくれる

サービスがあるので、ぜひ活用しましょう。

たとえば、**楽天証券の「定期売却サービス」**では、楽天証券で保有している投資信託を自動的に売却することができます。受取日は毎月1回、1日〜28日の間で指定可能。受取方法は毎月1000円以上1円単位で定額取り崩しを行う「金額指定」や、毎月0・1％以上0・1％単位で定率取り崩しを行う「定率指定」を選ぶことができます。

ここまでお話ししたとおり、前半は定率指定、後半は定額指定を設定すれば、手間なく資産の取り崩しができます。

ところで、資産を長持ちさせることはもちろん大切ですが、晩年、お金を使いたくても使えない時期までずっとお金を貯め込んでおく必要はありません。仮に亡くなったときに1000万円の資産が残っていたら、その1000万円の資産でできたはずの経験ができなかった、ともとらえることができます。

資産を残して亡くなると、その資産を家族などに相続できます。しかし、相続するくらいであれば、189ページで紹介したように、**生前贈与をしたほうがいい**でしょう。お金を受け取る側も、より若いとき、元気なときにお金があったほうがさまざまな経験ができますし、早いうちにその経験を積むことで、それが後に生きる「投資」としての効果を高めることができるからです。

あの世にお金は持っていけません。元気なうちに計画的に取り崩して使っていったほうが、結果として豊かな生き方につながるでしょう。

5 つみたてＮＩＳＡの利益は、どう引き出すのが最も トクか？

２０２４年から始まる新ＮＩＳＡは非課税期間が無期限化となりますので、前項でお伝えした取り崩しを実践してみてください。一方で、つみたてＮＩＳＡの**非課税期間は20年**と期限があります。なお、つみたてＮＩＳＡの買い付けは２０２３年をもって終了となります。２０１８年からつみたてＮＩＳＡで投資をしている場合、２０３７年以降２０４２年まで毎年、つみたてＮＩＳＡで投資した資産の非課税期間が順次終了することになります。

つみたてＮＩＳＡの非課税期間終了後の選択肢には、「**非課税期間終了直後に売却する**」「**課税口座で運用を続ける**」の２つがあります。

わかりやすいのは、非課税期間終了直後に売却することです。新ＮＩＳＡの生涯投資枠は１人当たり１８００万円ですが、その枠が余っていれば、**つみたてＮＩＳＡの売却金額をもとに新ＮＩＳＡで新たに非課税投資をする**という方法があります。

つみたてNISAの非課税期間のイメージ

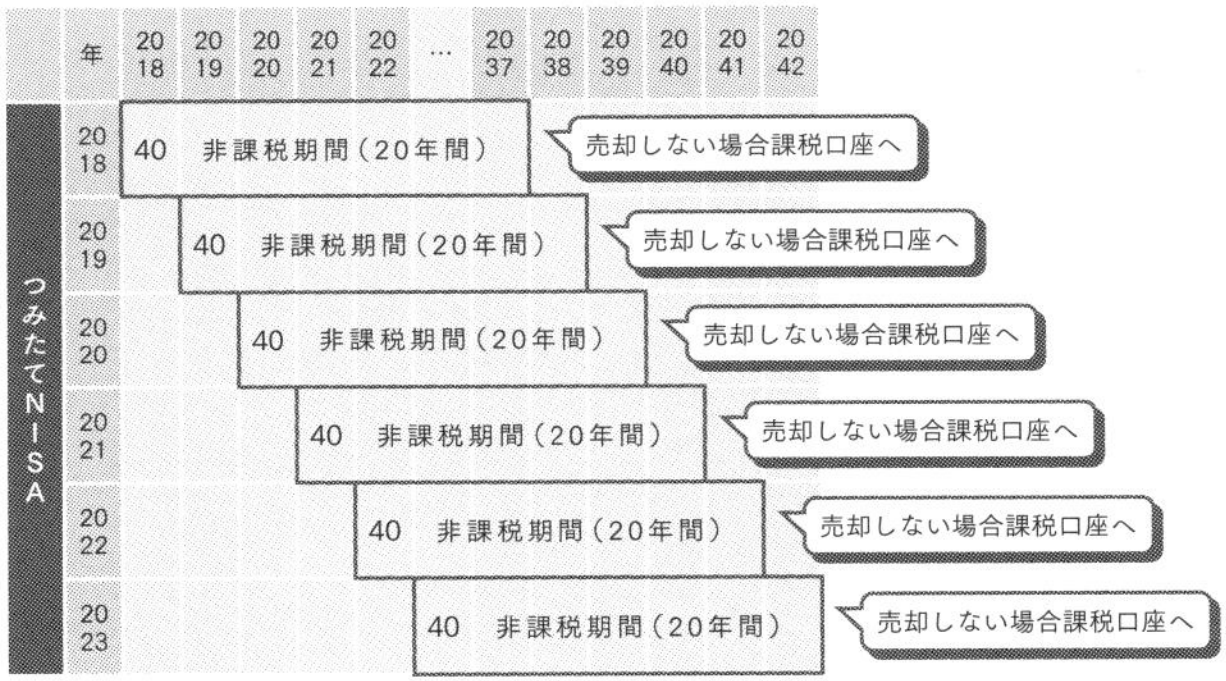

つみたてNISAの資産はいつでも売却できますが、非課税期間内に売却しても、非課税で投資できる金額（非課税投資枠）は回復しません。つみたてNISAで投資する投資信託は、中長期でじっくりとお金を増やしていく商品ですし、途中で売ってしまうと非課税投資枠がその分少なくなってしまうのですから、少々もったいないといえます。

新NISAの非課税投資枠が余っていれば、つみたてNISAの非課税期間が終了直後に売却してそのお金で再投資を行い、余っていなければ**課税口座で運用を続ける**ことをおすすめします。つみたてNISAで20年間運用した資産は、自動的に課税口座（特定口座または一般口座）に移されます。非課税期間が終わったからといって、必ず売却しなければいけない、というわけではないのです。
課税口座に移すと、利益に税金がかかると思われるかもしれませんが、そうではありません。つみたてＮＩＳＡ口座から課税口座に資産を移すときには、その移した金額が新しい取得価格となります。つまり、**つみたてＮＩＳＡの20年間の運用期間内の利益には、20年後以降も税金がかからない**のです。

たとえば、ある年につみたてＮＩＳＡ口座で購入した40万円分の投資信託を20年間運用した結果、１００万円に増えたとします。これを課税口座に移すと、「**新しい取得価格が１００万円**」とみなされます。そのため、つみたてＮＩＳＡで得た60万円の利益は課税口座で売却しても税金がかからないのです。

課税口座に移した１００万円を運用してさらに利益が出たら、その利益の分には課税されます。しかし、つみたてＮＩＳＡの利益分に税金はかかりません。ですから、つみたてＮＩＳＡの非課税期間が終わっても課税口座で運用すればいいというわけです。

もちろん、ライフイベントなどお金を使う目的があれば、売却してその資金にするのはまったく問題ありません。将来お金を使うために、つみたてＮＩＳＡを活用した

課税口座に移してもつみたてNISAの利益は非課税

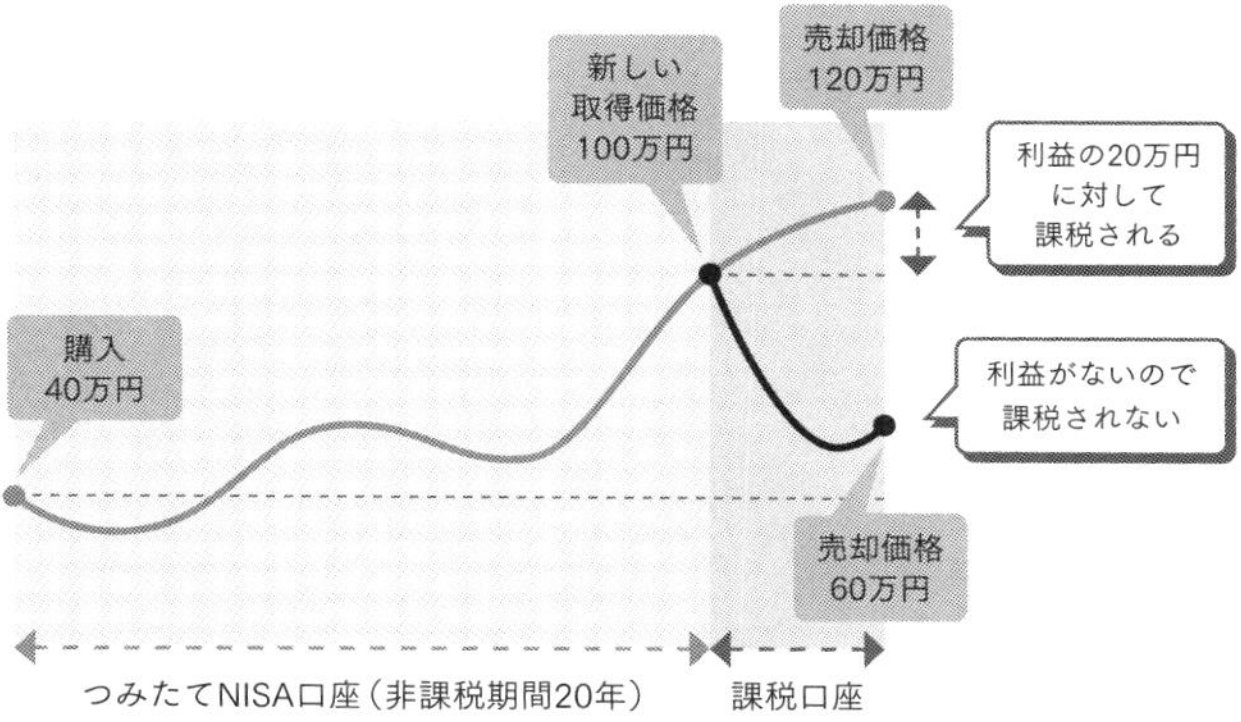

わけですから。しかし、老後資金を補うためにつみたてNISAを利用したのであれば、**仕事をやめる70歳ごろまではこのまま課税口座で運用を続けてから、その後少しずつ取り崩す**ようにしましょう。

ところで、60歳前後でつみたてNISAを始めた人もいるかもしれません。その場合は非課税期間の20年以内で取り崩すか、非課税期間が終了する20年後以降に取り崩すのかという選択になりますが、取り崩しの考え方は同じで、**少しずつ取り崩す**という方法が良いかと思います。取り崩し方については232ページでお伝えしたとおりです。

6 iDeCoは「いつから、どうやって受け取るか？」

iDeCoでは、条件を満たせば65歳まで掛金を出すことができるほか、65歳以降75歳までの間は新たな掛金は出せないものの運用益非課税で運用を続けることができます。

とはいえ、大切なのはiDeCoの資産をいつから、どうやって受け取るかです。

iDeCoの資産の受け取りは原則60歳からですが、60歳時点で加入期間が10年未満の場合は、受け取れる年齢が61歳以降になります。また、60歳以降にiDeCoに加入した場合は、加入から5年経過するまで受け取ることができません。そして、**75歳までの間に受け取りの手続きを行う**こととなっています。

iDeCoの資産の受取方法には大きく分けて「一時金」と「年金」があります。また、金融機関によっては2つを組み合わせること（併給）もできます。

iDeCoの加入期間と受取開始年齢の関係

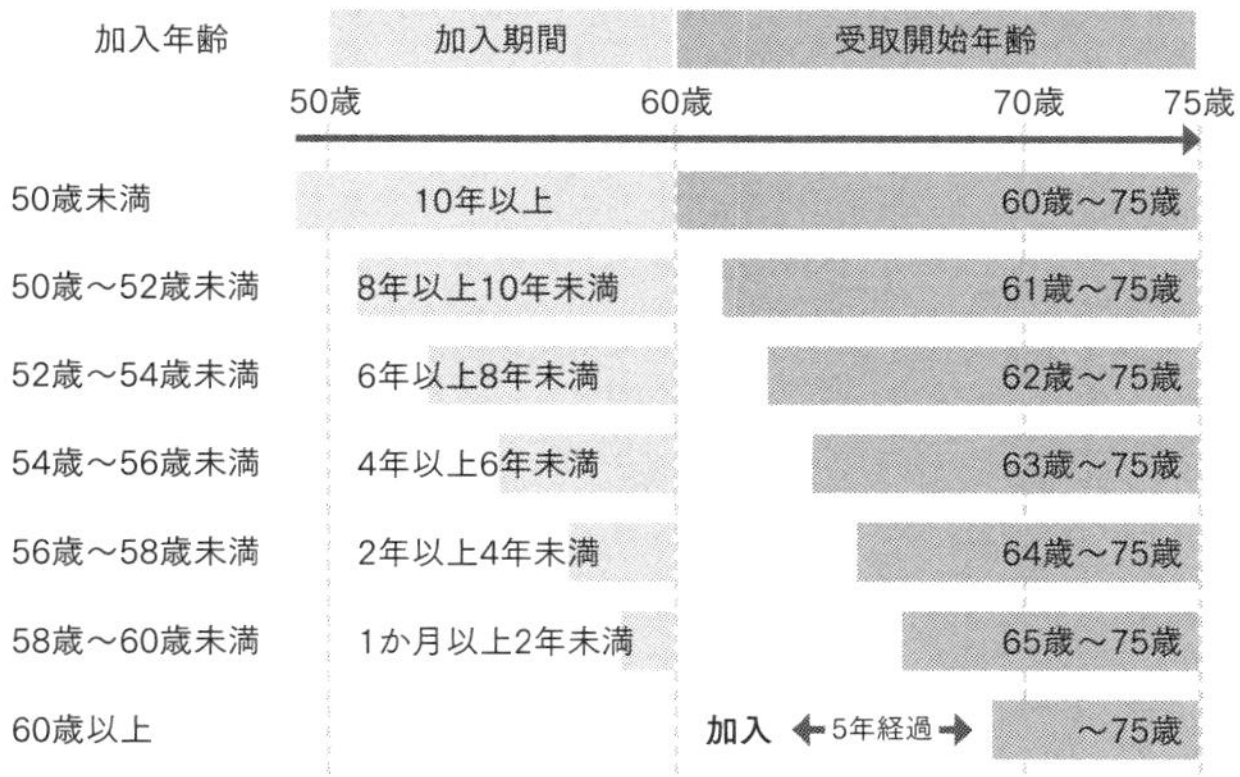

ｉＤｅＣｏの資産をどのように受け取るかによって、受けられる控除が変わります。つまり、**受け取り方で支払う税金額が変わる**ということです。ですから、ｉＤｅＣｏの資産を受け取る場合は、２３２ページでお話しした資産の取り崩しとは別に税金について考えなければなりません。

一時金は、ｉＤｅＣｏの資産を一括で受け取る方法です。一時金で受け取る場合は「**退職所得控除**」が利用できます。退職所得控除は本来、会社から受け取る退職金にかかる税金の負担を軽くする控除ですが、ｉＤｅＣｏの資産を一時金で受け取るときにも利用できます。

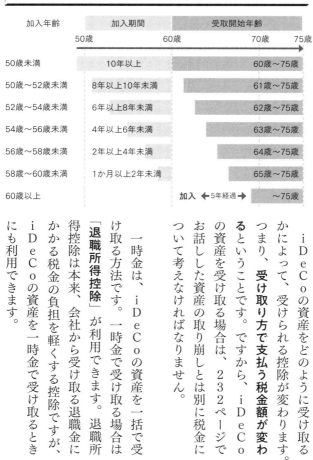

退職金を一時金で受け取ったときの所得を「退職所得」といいます。退職所得は、一時金で受け取った金額から退職所得控除を引いた金額の2分の1で計算されます。退職金にかかる税金は、この退職所得に所定の税率をかけて計算されます。ですから、退職所得控除が多いほど税金は少なくなりますし、**一時金で受け取った金額より退職所得控除のほうが多ければ税金はゼロ**になります。

会社から受け取った退職金の退職所得控除額の計算式は、勤続年数が20年以下か20年超かで異なります。20年超の場合1年あたり70万円と、控除できる金額が大きくなります。退職金を受け取る場合は、長く勤めるほど税金を減らす効果も大きくなります。

iDeCoの一時金の退職所得控除額を計算する場合は「勤続年数」の部分を、iDeCoで掛金を出し、積み立てていた「加入年数」に置き換えて計算します。つまり、**iDeCoの加入年数が長いほど税金を減らす効果が大きくなります。**

ただし、勤続年数と加入年数は「どちらか長いほう」を採用します。たとえば、会社の勤続年数が30年、iDeCoの加入年数が20年だからといって、「合計50年」と

一時金で受け取る場合は「退職所得」

- 退職所得の計算式

退職所得の金額＝（収入金額－退職所得控除）× $\frac{1}{2}$

- 退職所得控除の計算の表

iDeCoでは「加入年数」に置き換えて計算

勤続年数(＝A)	退職所得控除額
20年以下	40万円 × A (80万円に満たない場合には、80万円)
20年超	800万円 ＋ 70万円 × (A - 20年)

※勤続年数・加入年数の年未満の端数は切り上げ

（例）勤続年数が30年の人の退職所得控除額

800万円＋70万円×（30年-20年）＝1500万円

はなりません。この場合は、勤続年数の「30年」を用いて退職所得控除額を計算しますので、退職所得控除額は1500万円となります。

後述しますが、仮に退職金とiDeCoの一時金を同時に受け取った場合、1500万円までであれば非課税になりますが、1500万円を超えると、超えた金額の2分の1が退職所得として課税対象になります。

それに対して年金受け取りは、iDeCoの資産を5～20年かけて少しずつ受け取る方法です。iDeCoの資産を年金で受け取る場合には「**公的年金等控除**」が利用でき、税額を減らすことができます。

公的年金等控除を超えた部分は「雑所得」となります。公的年金等控除で控除できる金額は、年齢（65歳未満か65歳以上か）や収入によって異なります。公的年金などを含めた収入金額から公的年金等控除を差し引いて、所得金額（雑所得）を計算します。

雑所得にかかる税金は「**総合課税**」といって、他の所得と合算して計算します。たとえば、60歳以降も働いて給与収入がある人がｉＤｅＣｏの資産を年金で受け取ると、給与所得と雑所得を合算した金額が課税所得となります。そして、その課税所得に所定の税率をかけて税金を計算します。

年金収入の合計は、ｉＤｅＣｏの年金だけでなく、国民年金や厚生年金、企業年金などから受け取れる金額を合算した金額です。その金額から公的年金等控除の金額を引いた金額が雑所得になります。

年金で受け取る場合は「雑所得」

● 雑所得の計算式

雑所得＝年金等の収入の合計ー公的年金等控除額

● 公的年金等控除の計算の表

年金等の収入の合計（A）	公的年金等控除額	
	65歳未満	65歳以上
130万円以下	60万円	110万円
130万円超～330万円以下	（A）×25%＋27.5万円	110万円
330万円超～410万円以下	（A）×25%＋27.5万円	（A）×25%＋27.5万円
410万円超～770万円以下	（A）×15%＋68.5万円	（A）×15%＋68.5万円
770万円超～1000万円以下	（A）×5%＋145.5万円	（A）×5%＋145.5万円
1000万円超	195.5万円	195.5万円

ｉＤｅＣｏの資産は、資産の一部を一時金で受け取り、残りを年金として分割で受け取ることもできます。その場合、一時金の部分には退職所得控除、年金の部分には公的年金等控除が適用されます。

なお、どの方法を活用したとしても、ｉＤｅＣｏでは手数料がかかります。金融機関によって金額が異なりますが、掛金を出しているときには最低でも**毎月１７１円**、掛金を出さないときには**毎月66円の口座管理手数料**がかかります。

また、資産を受け取るたびにほとんどの金融機関では給付手数料が**一回の給付につき４４０円かかる**ことも見逃せません。仮に年金で10年に分けて毎月受け取ったら合計５万２８００円ですから、大きな出費です。

7 会社員とフリーランスで違うiDeCoのおトクな「受け取り方」

前項を踏まえて、iDeCoの資産をいつから、どうやって受け取るかを検討していきます。

筆者としては、NISAと同様に、iDeCoも**できるだけ長く運用し、非課税で運用してから受け取る**ことをおすすめします。65歳まで加入すれば、その分節税のメリットを長く生かすことができます。それに、65歳まで加入したあとはもちろん、60歳までしか加入できない場合でも、75歳まで非課税で運用を続けることで老後の資産を増やすことができるからです。

とはいえ、iDeCoの受け取り方を決める際には、**iDeCo以外のお金のことを考えておく**必要があります。iDeCoのお金がないと生活できないようならば、運用を続けるわけにはいかないからです。

具体的には、第1章、第2章で扱った、「**60歳以降に働いて得られる収入**」「**退職金**

の金額」「公的年金の金額と受け取る時期」「保有している金融資産」を把握しておきましょう。そうして、60歳以降の収入から支出を引いて、足りなくなるところでiDeCoの資産を受け取ります。

計算の結果、75歳まで運用できないこともあるでしょう。しかし、iDeCoは老後資金を作るための制度。本来、生活にお金が必要になったときに使うのが目的なのですから、問題ありません。

また、税金や手数料をなるべく支払わないで済む受け取り方を選ぶことも大切です。税金や手数料が少ないほど、手元に残るお金が多くなります。

以下、サラリーマンの場合とフリーランス・自営業の場合に分けて、受け取り方のポイントを紹介していきますので、ぜひ参考にしてください。

●サラリーマンの場合

サラリーマンがまず確認すべきなのは、会社の退職金です。iDeCoを一時金で受け取る場合、会社の退職金があると、どちらを先に受け取るかで税金が変わってくるからです。

会社の退職金制度にも、退職時に一括してもらう「退職一時金制度」と、年金形式で分割して受け取る「企業年金制度」があります（企業年金は、一時金で受け取ることもできます）。

iDeCoの一時金を受け取る際、**前年から19年以内**に他の退職金を一時金で受け取っていると、退職所得控除の合算の対象になってしまいます。つまり、過去の退職金とiDeCoの一時金の合計額が退職所得控除の金額を超えると、その超えた分に税金がかかってしまうのです。

しかし、先にiDeCoの一時金を受け取り、あとから会社の退職金を受け取る場合は「**前年から4年以内**」が退職所得控除の合算の対象になります。つまり5年以上空けて受け取るタイミングをずらすと、それぞれの退職所得控除が活用できるため、税制上有利に受け取ることができるのです。

したがって、たとえば**60歳でiDeCoの一時金を受け取り、65歳で会社の退職金を受け取れば**、iDeCoの一時金にはiDeCoの加入年数から算定された退職所得控除が、退職金には勤続年数から算定された退職所得控除を適用することができます。会社の退職金の規定で、65歳からの受け取りができない場合もあるので、会社に確認してみましょう。

退職金が先か後かで大違い

● 退職所得控除の合算対象になる条件

退職金が先、iDeCoが後	前年以前**19年以内**に受け取った一時金
iDeCoが先、退職金が後	前年以前**4年以内**に受け取った一時金

↓

iDeCoを先に受け取り、5年以上空けて退職金を受け取れば、退職所得控除が両方に使える！

（例）勤続年数30年、iDeCo加入年数20年のAさん

退職金…1800万円
iDeCo…600万円
合計2400万円

● 60歳で退職金とiDeCoの一時金を両方とも受け取った場合

退職所得：（2400万円－1500万円）×$\frac{1}{2}$＝450万円
所得税額：450万円×20％－42万7500円＝**47万2500円**

● 60歳でiDeCoの一時金、65歳で退職金を受け取った場合

・iDeCo
退職所得：600万円－800万円　退職所得ゼロ、非課税で受け取れる

・退職金
退職所得：（1800万円－1500万円）×$\frac{1}{2}$＝150万円
所得税額：150万円×5％＝**7万5000円**

所得税の金額が40万円近く減る！

会社の退職金の受け取りが60歳と決まっている場合は、**iDeCoの一時金の受け取りはその翌年以降に回しましょう。**iDeCoの一時金に退職所得控除が使えなくても、受け取る時期をずらすことで退職金・一時金に適用される税率が下がり、結果として税金が減らせる場合があります。

退職金とiDeCoの受け取りをずらすと？

（例）勤続年数30年、iDeCo加入年数20年のBさん

退職金…1800万円
iDeCo…600万円
合計2400万円

- 60歳で退職金とiDeCoの一時金を両方とも受け取った場合

退職所得：（2400万円－1500万円）×$\frac{1}{2}$＝450万円
所得税額：450万円×20％－42万7500円＝**47万2500円**

- 60歳で退職金、61歳でiDeCoの一時金を受け取った場合

・退職金
退職所得：（1800万円－1500万円）×$\frac{1}{2}$＝150万円
所得税額：150万円×5％＝**7万5000円**（A）

・iDeCo
退職所得：600万円×$\frac{1}{2}$＝300万円
所得税額：300万円×10％－9万7500円＝**20万2500円**（B）

（A）＋（B）＝27万7500円

所得税の金額が20万円近く減る！

会社からの退職金が多く、iDeCoの一時金受け取りだと退職所得控除が生かせない場合もあります。そんなときは、公的年金の繰り下げ受給をうまく活用して、iDeCoを年金で受け取るのがいいでしょう。

たとえば、公的年金の繰り下げを75歳まで行うことにすれば、65歳から75歳までの**10年間の公的年金等控除をiDeCoの年金受け取りにあてる**ことができます。年間最大110万円、10年間で1100万円まで非課税で受け取れます。一時金で受け取るのと違い、運用しながら取り崩せるので、資産を増やすことも期待できます。

フリーランス、自営業の場合

フリーランス、自営業の方には、サラリーマンにあるような退職金や厚生年金がありません。幸い、フリーランスや自営業の場合はiDeCoの**掛金の上限が月6・8万円**と、他より多く設定されています。これに加えて小規模企業共済などの制度も活用して老後の資産を用意しておきましょう。

iDeCo同様、小規模企業共済も一時金で受け取れば退職所得控除、年金で受け取れば公的年金等控除の対象になります。そして、iDeCoの一時金と小規模企業共済の一時金の関係も、**サラリーマンのｉＤｅＣｏの一時金と退職金の関係と同じ**です。つまり、ｉＤｅＣｏ→小規模企業共済の順で受け取れば、「前年から4年以内」が退職所得控除の合算の対象になります。

したがって、先にｉＤｅＣｏの一時金を受け取り、5年以上空けてから小規模企業共済の一時金を受け取れば、それぞれに各加入年数に基づいた退職所得控除を適用することができます。

退職金と違い、小規模企業共済の一時金をいつ受け取るかは自分で決められます(年齢上限もありません)。そして、健康であれば生涯現役で働き続けることもできます。ですから、たとえば**75歳でｉＤｅＣｏ、80歳で小規模企業共済を受け取り、両方に退職所得控除を生かす**……といったこともできるでしょう。

いずれにせよ、ｉＤｅＣｏの一時金と小規模企業共済の一時金は5年以上間をあけて受け取り、退職所得控除をなるべく活用しましょう。

なお、ｉＤｅＣｏには、老後に受け取る「老齢給付金」のほかに、加入者が所定の障害状態になったときに受け取れる「障害給付金」や、加入者が亡くなった場合に遺族が受け取れる「死亡一時金」があります。老齢給付金の受け取りは原則60歳以降ですが、障害給付金や死亡一時金は条件を満たせば60歳未満でも受け取ることができます。障害給付金を受け取るには、病気やケガで医師の診察をはじめて受けた「障害認定日」から1年6か月が経過したあとに支給の申請を行います。給付が決まったら、それまでのiDeCoの資産を指定した方法で受け取ります。なお、障害給付金は非課税です。

また、死亡一時金を受け取るには、**遺族による手続き（裁定請求）が必要**です。死亡一時金を受け取れる遺族は、とくに指定がない場合は法令で定められた順になります。加入していた金融機関に問い合わせて、必要な書類を確認して手続きを進めましょう。給付が決定すれば、一時金の形で遺族が受け取れます（年金形式はありません）。死亡一時金は、「**みなし相続財産**」として相続税の対象になりますが、法定相続人×500万円までは非課税です。ただし、亡くなってから5年以内に請求しないと、死亡一時金は相続人のいないものとみなされて国庫に帰属し、受け取れなくなってしまいます。

亡くなった方がiDeCoに加入していたことを遺族が知らなければ請求のしようもありません。ですから、iDeCoに加入したら家族にその旨を伝えておきましょう。

iDeCoの3種類の給付

	老齢給付金	障害給付金	死亡一時金
給付条件	加入者が60歳～75歳のとき（加入期間に応じて違いあり）	加入者が障害状態になったとき（障害基礎年金1級・2級の受給者、身体障害者手帳1級～3級の交付者など）	加入者が亡くなったとき
受取方法	一時金・年金	一時金・年金	一時金
受給者	本人	本人	遺族 【優先順位】 ①配偶者 ②扶養されていた親族 （子・父母・孫・兄弟姉妹・その他） ③扶養されていなかった親族 ※受取人の指定があった場合はその指定が優先
手続き	60歳以降に本人が行う	障害認定日から1年6か月以上経過後に本人が行う	亡くなってから5年以内に遺族が手続き （5年経過後は受け取れなくなる）
税金	一時金は退職所得、年金は雑所得として課税対象	非課税	みなし相続財産として相続税の対象 （法定相続人1人につき500万円まで非課税）

8 変額保険の解約返戻金を最大限もらう、ベストな方法

変額保険は、**運用実績によって保険金や解約返戻金が変動する保険**です。保険期間が一定の「有期型」と、生涯保障が続く「終身型」の2種類があります。

普通、保険（定額保険）といえば、契約時の保険金や解約返戻金の金額が一定になっています。しかし変額保険は、運用実績が良ければ保険金や解約返戻金が増える一方、運用実績が悪ければ減ります。

死亡時の保険金には最低保障額が定められていて、それを下回ることはありませんが、解約返戻金や満期保険金には最低保障額が定められていません。ですから、運用の結果によっては、**払い込んだ保険料よりも受け取れるお金が減ってしまう**こともあります。

変額保険といえば、ソニー生命保険の「バリアブルライフ」やアクサ生命保険の「ユ

ニット・リンク」などが売れ筋商品となっています。

たとえば、「バリアブルライフ」では、資産運用のための「特別勘定」として、株式型、日本成長株式型、世界コア株式型、世界株式型、債券型、世界債券型、総合型、短期金融市場型の8つが用意されています。契約時には、これら8つの特別勘定から1つ（または複数）選んで運用を行います。それぞれ投資先が違うので、どれで運用するかによって、運用実績も変わってきます。

有期型を利用している場合は、満期を迎えて保険金を受け取る時期が決まっています。ですから、満期の5年前までは株式型などハイリスクな運用をしている場合、その後満期までは**値動きが少ない債券型に変更**しておくのが基本の出口戦略です。

株はおよそ5～7年のサイクルで暴落を見せます。受け取りの直前に暴落したら、損をするかもしれません。それに備えて債券型に変更しておけば、価格の変動リスクを抑えることができます。

満期の5年前の時点で暴落している場合は、債券型への変更は少し様子を見ましょう。暴落はいつまでも続くわけではなく、1～3年程度で回復するものです。下落時に債券型に変更してしまうと、株価が回復しても肝心の資産が回復しなくなってしまいます。ですから、ある程度株価が回復したところを見計らったうえで債券型に変更すればいいでしょう。

一方、終身型を利用している場合は、いつ解約するかを自分で決められます。とはいえ、保険料払込期間が満了する前に解約すると大きく元本割れするので、**保険料払込期間が満了したあとに解約を検討**します。

なお、保険料払込期間が満了した時点でも、元本割れしているケースが多いかもしれません。

ソニー生命の資料によると、35歳男性が終身型の変額保険を契約（保険料月額2万6690円・保険金額1000万円・保険料払込期間60歳まで）した場合、仮に年3％で運用したとしても解約返戻金は元本割れしている計算となっています。

仮に保険料払込期間が満了時に元本割れしている状況でも、保険料を払っていた期間は安心を買っていたのだと割り切って解約しましょう。しかし、受け取ろうと考えていた時期に暴落しているようであれば、**1～3年程度様子見し、値上がりを待ったうえで解約**をおすすめします。

変額保険 vs 投資信託

● 変額保険料及び投資信託の積立額は月2万6690円を25年間行う
運用利率3%の場合

運用実績	5年	10年	20年	25年	30年	35年
元本合計	160万円	320万円	640万円	800万円	800万円	800万円
変額保険 解約返戻金	89万円	226万円	524万円	707万円	745万円	786万円
投信の資産額 信託報酬0.1%	172万円	371万円	867万円	1,174万円	1,354万円	1,562万円
投資信託 − 変額保険	+83万円	+145万円	+343万円	+467万円	+609万円	+776万円

→ 「増やす」面を考えれば、圧倒的に投資信託
保険商品の**手数料**と**解約控除**が大きいことがわかる

もっとも、お金を増やす面で考えれば、変額保険よりも投資信託のほうが有利です。図を見てください。変額保険と投資信託で同じ金額・年数積み立て、年3％で運用ができたとします。変額保険はソニー生命の資料の数字を例にしています。

このとき、変額保険の解約返戻金と投資信託の資産額を比べると、**投資信託のほうが圧倒的にお金を増やせている**ことがわかります。変額保険の解約返戻金は、35年経過後も元本割れしています。

このような差が生まれる理由は、変額保険の手数料にあります。変額保険では、払い込んだ保険料のなかから手数料が控除さ

れています。これが、**投資信託よりもずっと割高**なのです。また、変額保険を解約するときに支払う解約控除の金額も高く設定されているため、同じ運用利率でも解約時点ではお金が増えていない状況なのです。

その点、投資信託ならば、運用中の手数料（信託報酬）がわずかに年0・1％のものがあります。投資信託を解約するときの手数料（信託財産留保額）はないケースがほとんどで、あったとしても0・1〜0・3％程度と低く抑えられています。ですから、**お金を増やす目的で変額保険に加入するのは、そもそも間違い**といえます。

「まだ変額保険に入ったばかりなのに」という方がいれば、今解約すると当然元本割れします。勉強代と思って潔く解約するか、もしくは、保険料を最低限に減らして継続してここで紹介した出口戦略を実行してください。

なお、お金を増やす目的で、**40年、50年と変額保険に加入し続けるのはナンセンス**です。多少の元本割れは覚悟して潔く解約し、解約後は投資信託やＥＴＦに乗り換えて、運用しながら取り崩していきます。そのほうが高い運用成果が得られつつ、資産寿命も延びていくことでしょう。

変額保険の出口戦略まとめ

● 有期型の場合

① 満期の5年前になったら特別勘定を株式型
→ 債券型に変更

② もし5年前の時点で暴落が来ていたら、1〜3年様子を見てから変更

→ **受け取り直前の価格変動リスクを抑えられる**

● 終身型の場合

① 保険料払込期間満了前に解約すると元本割れする

② 元本割れの影響が少ない、保険料払込期間満了後に解約を検討する

③ 市場が通常の状態であれば解約

④ もし市場が暴落していたら、1〜3年程度様子を見てから解約

⑤ 解約後は投資信託やETFに乗り換えて、運用しながら取り崩す

→ **解約返戻金で多少損をする可能性はあるが、その後の投資効率がアップする**

9 「高額療養費制度」は老後に頼りになる制度

病気やケガをして病院にかかっても、医療費の自己負担額は最大でも3割。年齢や所得によっては1割、2割で済むこともあります。なぜなら、健康保険に加入しているからです。窓口で保険証を提示すれば、医療費は大きく減らすことができます。

しかし、病気やケガの状態によっては、入院や通院が長引き、医療費が高額になってしまう場合があります。そんなときに役立つ制度が、高額療養費制度です。

高額療養費制度は、**1か月（毎月1日から末日まで）の医療費の自己負担額が上限を超えた場合に、その超えた分を払い戻してもらえる**制度です。自己負担額の上限は、年齢や所得の水準によって変わります。

さらに、過去12か月以内に3回以上自己負担額の上限に達した場合は、4回目から自己負担額の上限が下がります（多数回該当）。たとえば、年収200万円の人（70

高額療養費制度の自己負担限度額

● 70歳未満

区分	自己負担限度額	多数回該当
年収　約1,160万円～ 健保：標準報酬月額 83万円以上 国保：所得901万円超	252,600円＋ （総医療費－842,000円）×1％	140,100円
年収　約770万円～約1,160万円 健保：標準報酬月額 53万円～79万円 国保：所得 600万～901万円	167,400円＋ （総医療費－558,000円）×1％	93,000円
年収　約370万円～約770万円 健保：標準報酬月額 28万円～50万円 国保：所得 210万～600万円	80,100円＋ （総医療費－267,000円）×1％	44,400円
年収　156万円～約370万円 健保：標準報酬月額 26万円以下 国保：所得210万円以下	57,600円	44,400円
住民税非課税世帯	35,400円	24,600円

● 70歳以上

<table>
<tr><th rowspan="2"></th><th rowspan="2">適用区分</th><th colspan="2">ひと月の上限額</th></tr>
<tr><th>外来(個人ごと)</th><th>(世帯ごと)</th></tr>
<tr><td rowspan="3">現役並み</td><td>年収約1,160万円～
標報83万円以上
／課税所得690万円以上</td><td colspan="2">252,600円
(医療費－842,000)×1%
(多数回該当　140,100円)</td></tr>
<tr><td>年収約770万円～約1,160万円
標報53万円以上
／課税所得380万円以上</td><td colspan="2">167,400円
(医療費－558,000)×1%
(多数回該当　93,000円)</td></tr>
<tr><td>年収約370万円～約770万円
標報28万円以上
／課税所得145万円以上</td><td colspan="2">80,100円
(医療費－267,000)×1%
(多数回該当　44,400円)</td></tr>
<tr><td>一般</td><td>年収156万～約370万円
標報26万円以下
税所得145万円未満等</td><td>18,000円
(年14万4000円)</td><td>57,600円
(多数回該当
44,400円)</td></tr>
<tr><td rowspan="2">住民税非課税等</td><td>II 住民税非課税世帯</td><td rowspan="2">8,000円</td><td>24,600円</td></tr>
<tr><td>I 住民税非課税世帯
(年金収入80万円以下など)</td><td>15,000円</td></tr>
</table>

＊厚生労働省保健局「高額療養費制度を利用される皆さまへ」より作成

歳未満）の1か月の医療費が100万円で、3割負担で30万円を支払ったとします。それでも、この人の自己負担限度額は5万7600円です。残りの24万円ほどは、高額療養費制度の申請を行うことで戻ってくるのです。

高額療養費制度は、いったん先に医療費を支払って、あとから払い戻しを受ける制度ですが、前もって健康保険に「**限度額適用認定証**」を申請しておけば、自己負担分だけの支払いだけで済ませることもできます。あとから戻ってくるとはいえ、一時的に立て替えるのは大変な場合もあるでしょう。そんなときに役立ちます。

高額療養費制度はとても心強い制度ですが、カバーできない費用もあります。たとえば、**入院中の食事代**、**差額ベッド代**、**先進医療にかかる費用**などです。

入院中の食事代は、基本的に1食あたり460円となっています。もしも1か月入院したら4万円ほどになります。

また差額ベッド代は、希望して個室や少人数部屋（4人まで）に入院した場合にかかる費用です。金額は人数や病院によっても異なりますが、中央社会保険医療協議会の「主な選定療養に係る報告状況」（令和元年7月）によると、1日あたりの平均は

6354円となっています。もっとも、個室のみの平均が8018円と突出して高く、2人部屋だと3044円、4人部屋は2562円などとなっています。

そして先進医療とは、厚生労働大臣が認める高度な技術を伴う医療のことです。先進医療の治療費は健康保険の対象外なので、全額自己負担です。

しかし筆者は、**これらの費用に民間の保険で備える必要はない**と考えています。

そもそも健康保険や高額療養費制度があることで、医療費はそれほどかからないのですから、食事代や差額ベッド代については、できるだけ貯蓄でまかなうようにすべきでしょう。

また、先進医療が必要になる確率は非常に低いものです。厚生労働省の「令和3年6月30日時点で実施されていた先進医療の実績報告について」によると、令和2年7月〜令和3年6月の1年間で行われた先進医療の患者数は5843人。単純に日本人の人口（1億2500万人）で割れば、**先進医療を受ける確率はわずかに0・004%**です。

しかも、がんの治療として実施数の多い陽子線治療は1285件（1件あたり約

265万円）、重粒子線治療は683件（1件あたり約319万円）です。もちろん、これらの治療を受ける可能性はゼロではないものの、とても低いといえるでしょう。

先進医療で200万円、300万円などというと、高く感じられるかもしれません。しかし、**先進医療がすべて高額なわけではなく、なかには数万円～十数万円で済むものもあります。**

仮に、年齢が低いときに保険に加入しているなら、保険料は割安なのでそのまま加入していてもいいのですが、加入していないのであれば、定年間近でわざわざ医療保険（の特約）やがん保険などで備える必要はないというのが、筆者の考えです。

10 医療費が高額になりすぎたときの2つの工夫

がん先進医療やインプラントなどは公的保険の対象外ですが、医療費を支払った場合には医療費控除が受けられます。しかし、医療費控除の**上限額は年間200万円まで**です。治療によっては、医療費控除の上限額を超えてしまう場合もあるでしょう。

しかし医療費控除は、医療費を負担した人が受けられる控除です。所得税法第73条には、医療費控除は「自己又は自己と生計を一にする配偶者その他の親族に係る医療費を支払った場合」に適用することとあります。つまり、医療費控除は**医療を受けた人が使える控除ではなく、医療費を支払った人が使える控除**なのです。

これを踏まえると、医療費が210万円を超える場合は、夫婦や親族などで所得のある人と手分けして負担するといいことがわかります。

たとえば、がんの重粒子線治療で300万円を支払ったとします。このとき、1人で３００万円負担しても、受けられる医療費控除は２００万円まで。残りの90万円は医療費控除の対象外です。しかし、たとえば夫２００万円、妻１００万円で負担していれば、医療費控除の際に「**夫２００万円、妻１００万円の医療費を負担した**」と申請できます。つまり、医療費控除の対象外となる医療費をなくして、全額節税に使えるのです。

仮に夫婦ともに所得税率10％、住民税率10％だった場合、節税できる金額の合計は約40万円から**約58万円にアップ**します。

医療費を負担してくれる家族がいない場合は、**医療費の分割払い**ができないかを病院に相談してみましょう。医療費控除の対象になる医療費は、毎年1月1日～12月31日で一区切りです。そして、支払った日を基準にします。

たとえば前年12月に２００万円、今年1月に１００万円を支払ったら、今年の確定申告（前年分）の医療費として２００万円、来年の確定申告（今年分）の医療費として１００万円が申告できます。先ほどの夫婦の例と同じく、所得税率10％、住民税10％だった場合、節税できる金額の合計は約40万円から約58万円になります。

ただし、**クレジットカードでの分割払いではＮＧ**です。クレジットカードの場合、先にクレジットカード会社が３００万円を支払ってしまう（前年分の医療費になる）ためです。この方法は、病院側が分割に応じた場合のみ利用できます。

医療費控除で得をする

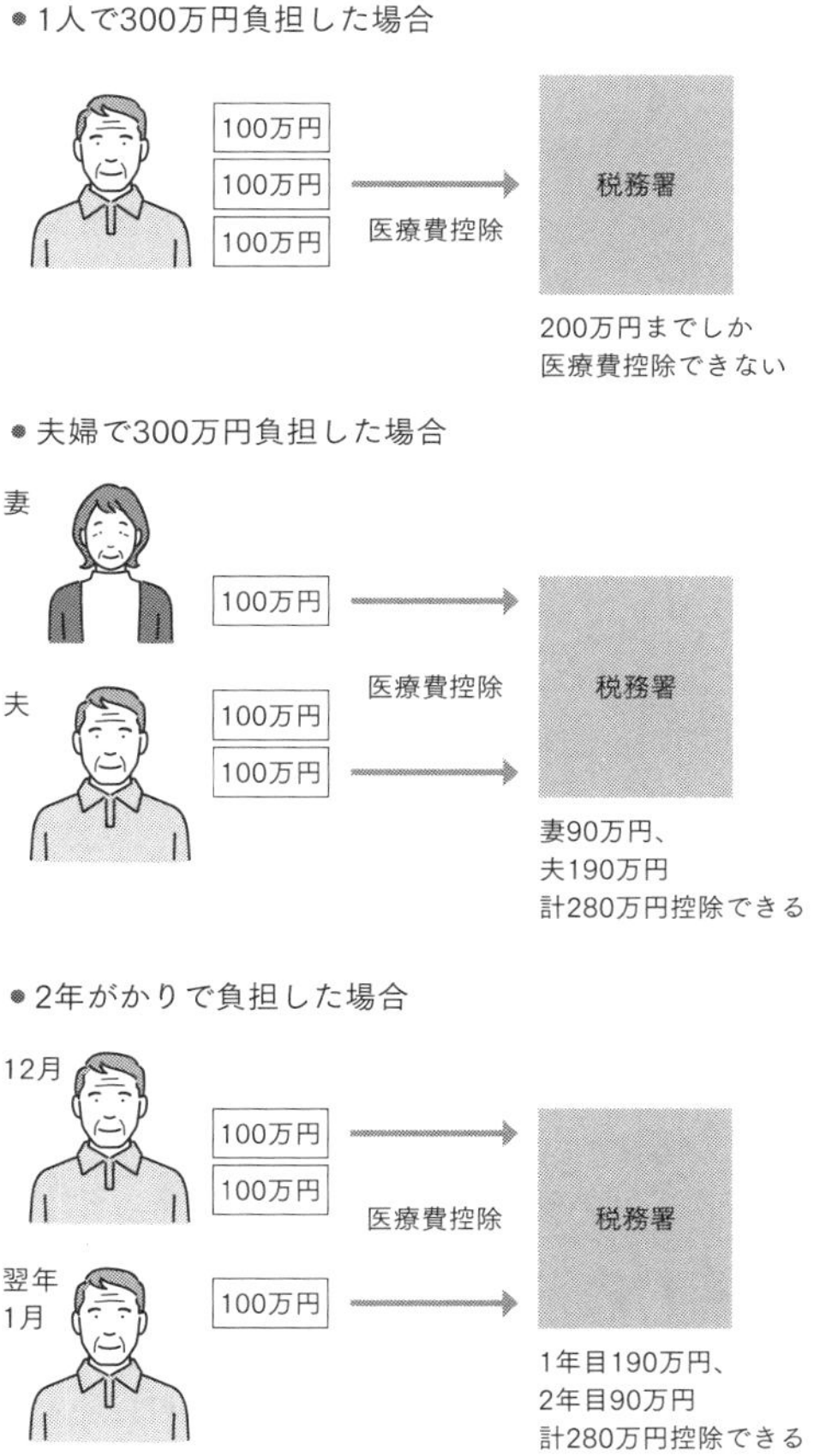

なお、年間の医療費が210万円を超えない場合、医療費控除は、基本的には**家族のなかでいちばん所得税率の高い人（所得の多い人）にまとめて申請する**のが得です。所得税額は、課税所得に所得税率をかけて算出します。医療費控除をする場合、所得税率が高い人の課税所得を減らしたほうが戻ってくる税額を増やせるからです。

また、医療費控除では10万円を超えた部分が所得控除の対象ですから、複数人でバラバラに申請するよりも**1人にまとめたほうが医療費控除の金額を増やせます**。

たとえば、4人家族で年間に1人15万円ずつ医療費を支払ったとき、別々に医療費控除を申請すると、所得控除できる金額の合計は5万円×4人＝20万円ですが、1人にまとめると50万円となります。「生計を一にする家族」は、同居している必要はありません。親や子などと別居していても、仕送りの事実があれば医療費をまとめられます。

逆に、医療費が10万円に満たない場合は、所得が200万円未満の人が医療費控除したほうがいい場合もあります。214ページで解説したとおり、所得200万円未満の場合は、10万円を超えた部分ではなく「所得の5％を超えた部分」で医療費控除が使えるからです。

11 「後期高齢者医療制度」への移行で、どう変わる？

これまで加入してきた公的医療保険制度には、大きく分けて会社員や公務員が加入する「健康保険」と、会社員や公務員以外が加入する「国民健康保険」があります。高齢になると、これらの制度が変化してきます。

健康保険でも国民健康保険でも、70歳になるまでは、医療機関にかかったときの医療費の**自己負担は原則3割**でした。しかし、70歳になると所得によって医療費の負担割合が変わり、一般の方は3割負担から2割負担に下がりますが、現役並みの所得者の場合は3割負担のままとなります。

加入している保険からは、自己負担する割合が記載された「高齢受給者証」が交付されるので、医療機関に保険証と一緒に提示します。そうすることで、**2割（または3割）負担**で受診することができます。

さらに75歳になると、健康保険・国民健康保険を脱退して、新たに「後期高齢者医療制度」に加入します。後期高齢者医療制度は、都道府県にある後期高齢者医療広域連合が運営する医療保険の制度です。

75歳の誕生日を迎えると「**後期高齢者医療被保険者証**」が送られてきます。とくに手続きをしなくても、自動的に加入します。後期高齢者医療制度には扶養のしくみがないため、これまで家族の扶養に入って健康保険を利用してきた方も、75歳になると後期高齢者医療制度に加入することになります。

後期高齢者医療制度の自己負担割合は一般の方で**1割負担**ですが、所得に応じて2割負担（2022年10月導入予定）、3割負担となります。

一般の方の場合、医療費負担が軽くなります。その一方で、後期高齢者医療制度に加入すると、保険料の負担が生じます。

保険料は均等割額と所得割額を足した金額で、広域連合が個人単位で毎年決定します。また、2年ごとに保険料率が見直されます。東京都の場合、均等割額は**1人年4万6400円**、所得割額はもととなる所得の9・49％、年間の保険料額の賦課限度額は66万円などとなっています（いずれも令和4年・5年度の額）。

なお、後期高齢者医療制度に移行しても、健康保険や国民健康保険と同様、高額療養費などの給付を受けることができます。

医療費の負担割合の変化

- 70歳までの医療費負担割合
  - 3割負担

- 70歳〜74歳の医療費負担割合
  - 現役並み所得者（年収約383万円〜）
    …**3割負担**
    健康保険の加入者：標準報酬月額が28万円以上
    国民健康保険の加入者：課税所得145万以上
  - 一般（〜年収約370万円）
    …**2割負担**

- 75歳以上の医療費負担割合
  - 現役並み所得者（年収約383万円〜）
    …**3割負担**
    課税所得145万円以上
  - 年収200万円（単身）・320万円（夫婦）以上
    …**2割負担**
    ※2022年10月以降見込み。
    施行後3年間は負担増が月3000円
  - 一般（〜年収200万円）
    …**1割負担**

12 家族の「世帯分離」で介護保険サービスの自己負担額を減らす

「世帯分離」とは、同居している家族が住民票の世帯を分けることです。世帯分離をすることで、介護費用を削減できる場合があります。もちろん世帯分離をしたあとも、そのまま同居していて構いません。

高額介護サービス費の自己負担の上限額は、本人の所得で決まる場合と世帯の所得で決まる場合の2つのパターンがあります。たとえば、介護サービスを受ける親を世帯分離して、**親単独の世帯にすれば、世帯としての所得が大きく減る**ため、高額介護サービス費の自己負担を大きく減らせる、というわけです。

介護サービスを受けている親（住民税非課税）が、住民税の課税される世帯と同世帯にしていた場合、高額介護サービス費の負担限度額は月額4万4400円になります。しかし、世帯分離をして親だけの世帯になった場合、高額介護サービス費の負担の上限額は「世帯全員が住民税非課税」にあてはまるので、**月額2万4600円**となります。さらに、仮にこの親の前年の年金年収とその他の所得金額合計が80万円以下だったとしたら、負担の上限額は月額1万5000円になります。同じ介護サービスを受けていても、負担が月約2万～3万円、**年間で約24万～35万円ほど減らせる**ことになります。

2021年8月からは、高額介護サービス費の負担限度額が見直され、高所得者の負担限度額がアップ。もっとも負担の重い世帯で月額14万100円の負担になっています。高所得者の方こそ、世帯分離を検討してみてもいいでしょう。

世帯分離は介護費用の削減にとても役立つ方法なのですが、欠点もあります。まず、高額療養費制度や高額介護サービス費の**「世帯合算」はできなくなります。**

高額療養費制度や高額介護サービス費は、世帯ごとにかかった費用を合算して申請することができます。しかし同居していても、親と子で別の世帯になってしまいますので、合算はできなくなってしまうのです。とくに、**2人以上介護している場合には、かえって損になる**可能性があります。

したがって、世帯分離を検討する場合には、損得をトータルで考える必要があります。詳しくは、お住まいの自治体にご相談ください。

高額介護サービス費の負担限度額

区分	負担の上限額(月額)
課税所得690万円(年収約1,160万円)以上	14万100円(世帯)
課税所得380万円(年収約770万円)～課税所得690万円(年収約1,160万円)未満	9万3,000円(世帯)
住民税課税～課税所得380万円(年収約770万円)未満	4万4,400円(世帯)
世帯全員が住民税非課税	2万4,600円(世帯)
前年の公的年金等収入額金額＋その他の合計所得金額の合計が80万円以下	2万4,600円(世帯) 1万5,000円(個人)
生活保護を受給している方等	1万5,000円(世帯)

13 介護保険の「第1号被保険者」になったら？

日本では40歳になると介護保険に加入し、介護保険料を負担します。とはいえ、**40歳から64歳までの間は、介護保険の「第2号被保険者」**。第2号被保険者のうちは、保険料を支払っていても、介護保険による介護サービスを利用できるのは16の特定疾病に該当したときのみとなっています。しかし、65歳からは介護保険の「第1号被保険者」です。第1号被保険者になると、**各種介護サービスの対象**となります。

介護サービスは、介護認定を受けることで利用できるようになります。市区町村の介護保険の担当窓口に介護認定の申請をすると、介護を受ける本人の状態が調査されます。そうして、**要支援1・2、要介護1～5の7段階の要介護度が認定**されます。

介護サービスの利用限度額は、要介護度に応じて決められます。要介護度が高いほど、利用限度額も高額になります。また、利用者の所得によって自己負担の割合が変わります。通常は1割負担ですが、所得が多い人は2割、3割負担となります。

介護サービスを利用し、1か月の自己負担額が一定の上限額を超えた場合にその超えた部分が戻ってくる「**高額介護サービス費**（280ページで解説）」という制度もあります。上限額は住民税の課税される世帯（現役並み所得者がいる世帯）で**14万100円**、住民税非課税世帯で**2万4600円**となっています。高額療養費制度の医療費と同様に、介護費用の負担も一定の上限額までにできる、ありがたい制度といえます。

介護保険料は、第2号被保険者の場合は健康保険料や国民健康保険料と一緒に納めます。会社員や公務員の場合は、給料から天引きされます。自営業やフリーランスの場合は、支払う国民健康保険料に上乗せされます。それに対し、第1号被保険者になると、「介護保険料」として**単独で支払う**ことになります。

介護保険料の支払いは、生涯続きます。第1号被保険者の介護保険料の金額は、自治体ごとに決められ、3年ごとに改定されています。所得などによって10段階前後に分けられ、負担する金額が異なります。

ただ、介護保険料は**年々増額傾向**にあります。厚生労働省によると介護保険の制度

介護保険の被保険者と給付限度額・自己負担額

●介護保険の第１号被保険者と第２号被保険者の違い

	第１号被保険者	第２号被保険者
年齢	65歳以上	40歳から64歳まで
給付の対象	要介護・要支援となった人	要介護・要支援になった原因が「老化が原因の病気（特定疾病）」の人
保険料	市区町村ごとに決定 所得により異なる	加入している医療保険により決定
保険料の支払い方法	年金額が年18万円以上の人は年金から天引き（特別徴収） 年18万円未満の人は納付書で納付（普通徴収）	会社員・公務員は給与天引き フリーランス・自営業は国民健康保険に上乗せ

●介護度ごとの給付限度額と自己負担額

介護度	給付限度額	自己負担額		
		1割	2割	3割
要支援1	50,320円	5,032円	10,064円	15,096円
要支援2	105,310円	10,531円	21,062円	31,593円
要介護1	167,650円	16,765円	33,530円	50,295円
要介護2	197,050円	19,705円	39,410円	59,115円
要介護3	270,480円	27,048円	54,096円	81,144円
要介護4	309,380円	30,938円	61,876円	92,814円
要介護5	362,170円	36,217円	72,434円	108,651円

※自己負担額は基本的に1割だが、一定以上の所得がある場合は2割・3割

が始まった2000～2002年度（第1期）の介護保険料の平均は月額2911円だったのに対し、2021～2023年度の介護保険料の平均は**月額6014円**。今後も高齢者が増えることによって、介護保険料は増額される見通しとなっています。

負担は大きくなってしまいますが、滞納すると延滞金が発生するうえ、介護保険のサービスが全額自己負担になるなどの不都合が。最悪の場合、財産の差し押さえといったことも起こりえます。ですから、忘れずに支払ったうえで、将来介護が必要になったときにはしっかり活用するようにしましょう。

14 「高額医療・高額介護合算制度」を知っておこう

医療費は高額療養費制度、介護費は高額介護サービス費制度によって、1か月の負担は一定額に抑えることができます。しかし、長期間にわたって医療費と介護費がかかり続けると、家計の負担が大きくなってしまいます。そんなときに利用したいのが高額医療・高額介護合算制度です。

高額医療・高額介護合算制度では、**同一世帯で毎年8月1日～翌年7月31日までの1年間にかかった医療費・介護費の自己負担額の合計額（自己負担限度額）が上限を超えた場合**、その超えた金額を受け取れます。

高額療養費制度や高額介護サービス費制度を利用して自己負担が減っても、なお自己負担はあります。高額医療・高額介護合算制度を利用すれば、その自己負担をさらに軽減できるというわけです。

高額医療・高額介護合算制度の自己負担限度額は、世帯の年齢や所得によって異なります。年間の医療費・介護費を計算して、制度が利用できるか確認しましょう。

ただし、高額療養費制度・高額介護サービス費制度の対象外となっている費用は、高額医療・高額介護合算制度でも対象外です。

たとえば、高額療養費制度では**入院時の食事代や差額ベッド代**、高額介護サービス費制度では**要介護度別の利用限度額を超えた費用**などは自己負担になりますので、ご注意ください。

高額医療・高額介護合算制度の申請は、公的保険の窓口で行います。国民健康保険や後期高齢者医療制度の場合はお住まいの市区町村、協会けんぽや健康保険組合などの場合は勤務先を通じて申請を行います。

高額医療・高額介護合算制度の自己負担限度額の上限

<table>
<tr><th></th><th>70歳以上の
世帯</th><th>70歳未満の
世帯</th></tr>
<tr><td>年収約1160万円以上</td><td>212万円</td><td>212万円</td></tr>
<tr><td>年収約770万円
〜1160万円</td><td>141万円</td><td>141万円</td></tr>
<tr><td>年収約370万円
〜770万円</td><td>67万円</td><td>67万円</td></tr>
<tr><td>年収約370万円以下</td><td>56万円</td><td>56万円</td></tr>
<tr><td>住民税非課税世帯</td><td>31万円</td><td rowspan="2">34万円</td></tr>
<tr><td>住民税非課税世帯で
年金収入80万円以下など、
一定基準に満たない方</td><td>19万円</td></tr>
</table>

15 理想の老人ホームに確実に入るには、どの程度お金が必要なのか？

高齢になると誰でも体が弱り、身の回りのことができなくなってくるものです。そんなときに利用を検討するのが、老人ホームです。

老人ホームには、自治体などが運営する**公的施設**と企業などが運営する**民間施設**があります。また、公的施設・民間施設ともに、介護が必要な人向けの老人ホームと自立した生活が送れる人向けの老人ホームがあります。そして、どの老人ホームを利用するかによって、かかる費用も異なります。

老人ホームの費用には、大きく「**入居一時金**」と「**月額利用料**」の2つがあります。入居一時金は、老人ホーム・介護施設に入居する際に施設に支払う費用です。入居一時金を支払うことで、その施設を終身利用する権利を得られます。入居一時金は想定される入居期間内で少しずつ償却されていきます。もし入居期間内で老人ホームを

高齢者向け施設にかかる費用の目安

施設の種類	費用の目安	
	入居一時金・敷金	月額費用
介護老人福祉施設（特養）	入居金0円	3〜15万円
介護老人保健施設（老健）	入居金0円	6〜16万円
介護療養型医療施設（介護療養病床）	入居金0円	7〜20万円
認知症高齢者グループホーム	入居金0〜数百万円	10〜25万円
介護付有料老人ホーム	入居金0〜数千万円	15〜30万円
住宅型有料老人ホーム	入居金0〜数千万円	10〜30万円
サービス付き高齢者向け住宅	敷金0〜数十万円	10〜25万円
軽費老人ホーム（ケアハウス）	入居金0〜数百万円	9〜17万円

※2022年5月時点の各ホームページなどの情報に基づき筆者作成

退去した場合、残った金額（未償却残高）は返金されます。

対する月額利用料は、老人ホームに入居したあとに毎月かかる料金です。老人ホームの賃料、施設の維持管理費、毎日の食費、水道光熱費などの費用があげられます。なお、医療費や老人ホームとは別の外部の介護サービスを受けたときの費用、日用品の費用などは月額利用料には含まれず、自己負担となります。

すでに持ち家があったとしても、老人ホームを利用することがあるでしょう。この場合、持ち家を売却するか、人に貸すかして資金を工面して、老人ホームに入ることになります。賃貸住まいの場合は、家賃の支払い先が老人ホームに変わるだけですので、さほど大きな問題はありません。

入居一時金は、いわゆる**高級老人ホームであれば数千万円単位**でかかる場合もある一方で、0円の施設もあるなど、さまざまです。また、月額利用料の金額も、老人ホームによって大きく異なります。とはいえ、金額と環境はおおむね比例しています。高級な施設があったり、便利な立地だったりすると、費用も高くなる傾向が見られます。

16 最終的に自宅をどうするか。「不動産の出口戦略」を話し合おう

総務省統計局の「住宅・土地統計調査」（平成30年）によると、65歳以上の高齢者のいる世帯**の持ち家の比率は82・1%**にのぼります。高齢者夫婦のみの世帯では87・4%、高齢単身世帯でも66・2%となっていて、老後も持ち家に住む人が多くいます。

しかし多くの場合、すでに数十年住んできた自宅です。建物自体が老朽化したり、老後の生活に合わなくなったりしているケースもあるでしょう。最終的に自宅をどうするのかについては、ぜひ検討しておきましょう。

自宅の活用方法には、次のようなものがあります。

●リフォームして住み続ける

水回りを直したり、間取りを変更したり、外壁を塗装したり、バリアフリー化したりと、自宅を部分的にリフォームすれば、老後も住み続けることができます。長年住

んできた愛着のある建物を壊す必要もありませんし、仮住まいや引っ越しなども必要ないケースがほとんどです。ご近所付き合いも、変わりません。

ただ、当然リフォームにはお金がかかります。ちょっとしたリフォームであれば数十万円程度で収まるかもしれませんが、**構造を補強するフルリフォームの場合は、建て替えるよりも高額になることも。**また、自宅の構造によっては、間取りの変更などが思うようにできない場合もあります。

●他の家に住み替える

自宅を売却できれば、一度にまとまったお金が入る可能性があります。その場合は、**自己資金を用意しなくても新しい家に住むことができます。**金額次第ではありますが、マンションや建売住宅に住んだり、賃貸物件を借りたりと、選択肢はさまざま。

とはいえ、これまで長年親しんできた家を手放すつらさはあるでしょう。引っ越しをすれば生活環境も変わりますし、ご近所付き合いも変わってしまいます。また、自宅を売っても、まとまった金額が得られるとは限りません。ローンの残債があれば、手元に残るお金がない場合もあります。

リフォーム・住み替えのメリットとデメリット

リフォーム	メリット	・長年住んできた家を壊す必要がない ・仮住まいや引っ越しの必要がない場合が多い ・工事期間もそれほどかからない ・諸費用が住み替えよりも安く済む ・近所付き合いも変わらない
	デメリット	・お金がかかる （構造補強など大規模なリフォームは1000万円を超えることも） ・住宅によっては、できないリフォームもある
住み替え	メリット	・まとまったお金が入れば、自己資金なしでも新しい家に住める ・住み替えしてもお金が余った場合、老後資金に充てられる ・自分たちの生活に合った家を選べる （ダウンサイジング）
	デメリット	・長年住んできた家を手放す必要がある ・想定した価格で売れない可能性がある ・ローンの残債があれば、手元にお金が残らない可能性もある ・生活環境や近所付き合いが変わる

●リバースモーゲージを利用する

リバースモーゲージとは、**自宅や土地などを担保に金融機関からお金を借りる**制度です。今住んでいる家に引き続き住みながらお金を借りることができます。

お金を借りると、通常は元本に利息を加えて毎月返済していくものですが、リバースモーゲージの場合は一般的に利息のみ返済を行います。ですから、普通にお金を借りるよりも毎月の返済額はずっと少なくて済みます。元本の返済は利用者が亡くなったあと、担保に入れた自宅や土地などを売却して返済します。

収入の少ない高齢者にお金を貸してくれる金融機関は多くありません。しかしリバースモーゲージであれば、老後資金が足りない場合にもお金を借りられます。

ただし、リバースモーゲージは**金利が3〜4%前後とかなり割高**なのが欠点。仮に2500万円を年利3%で借りたとしても、毎年支払う利息は75万円、月6万2500円です。いっそのこと自宅を手放して賃貸に住み替えたほうがいいかもしれません。

また金融機関は、担保に入れた不動産の評価額を定期的に見直します。見直しの結果、不動産の価格（主に土地）が下がった場合、借入残高よりも評価額が低くなる「担保割れ」が起き、自宅を売却しても借りたお金が返せなくなる恐れがあります。

●リースバックを利用する

リースバックも家に住みながらお金を得られるしくみです。リースバックでは、自宅を専門の不動産会社に売却し、賃貸契約を結びます。そして毎月リース料（家賃）を支払いながら、自宅に住み続けます。

自宅を売却した段階で、売却代金が一度に手に入ります。通常、売却する際には買い手を探す必要がありますが、リースバックでは専門の不動産会社が買ってくれるので、すぐに資金調達できるメリットがあります。

リバースモーゲージは利用者が亡くなった後に自宅を売却して借りたお金を返済するのに対し、リースバックでは自宅とはいえ賃貸を借りているのと同じですから、家賃にあたるリース料を支払っていく点が異なります。また、将来的に自宅を買い戻すこともできます。

しかし、リースバックは**売却額が周辺地域の相場より安くなり、リース料が相場より高くなる**場合が多くあります。どうしても引き続き自宅に住みたいというニーズは満たせますが、資金を確保する観点で考えれば、リバースモーゲージ同様より高く売ってより安いところに引っ越したほうが合理的です。

リバースモーゲージとリースバックの違い

	リバースモーゲージ	リースバック
制度概要	自宅を担保にして金融機関からお金を借りる制度	自宅を売却・現金化したあとに借りて、家賃を支払って住み続ける制度
物件の所有権	居住者本人	売却先の不動産会社
固定資産の納税義務	あり	なし
年齢制限	50〜60歳以上（金融機関により異なる。下限があることが多い）	なし
対象物件	一戸建て（マンションは不可の場合がある）	制限なし。 工場・事務所も可
家族の同居	配偶者のみ可能	可能
契約終了後	売却	買い戻し可能
現金化までの期間	1〜3か月ほど	最短20日

リバースモーゲージがおすすめの人は、自宅のリフォームや老後資金としてまとまったお金を用意したい人で、子どもなどに自宅を遺す予定がない人、といったところです。

リースバックがおすすめの人は、ローンの返済に困った人や、老後資金などまとまった資金を用意したい人。どうしても自宅に住み続けたい、仕事や学校などの都合で引っ越したくないという場合は役立つかもしれません。

しかし、積極的に使うべき制度ではないでしょう。筆者は**デメリットのほうが大きい制度**だと考えています。

17 「住宅補助費用」が出る自治体をチェックしてみよう

賃貸住宅に住んでいる人や、住み替え先で賃貸住宅を検討している方もいるでしょう。賃貸住宅ならば、建物や設備が古くなってきても引っ越せば新しい部屋に住むことができます。広い部屋からぴったりの部屋にダウンサイジングするのも簡単です。しかし、持ち家と違って、賃貸の場合、家賃が生涯にわたってかかり続けます。家賃が高いと、その分生活費を圧迫してしまいます。ですから、なるべく減らすことを考えましょう。

首都圏の家賃は高いですが、地方に移住すれば大幅にダウンできます。たとえ引っ越し代が20万円かかったとしても、地方で住宅を購入し、月々の住居費を12万円から5万円に圧縮できたとしたら、**年間84万円の費用削減効果**に。

移住にかかる費用の一部を補助してくれる**移住支援制度**を用意している自治体もた

くさんあります。たとえば、静岡県御前崎市の「定住促進住宅取得補助金」では、定住目的で市内に住宅（新築・建売・中古）を取得した場合に、最大１００万円の補助金が給付されます。老後世帯でも、基本額の30万円と転入者加算の50万円は受け取れるでしょう。

また長野県飯綱町の「飯綱町移住定住促進中古住宅等購入費補助金」では、飯綱町への移住・定住を目的に中古住宅を購入した方に最大で50万円が交付されます。自治体によって制度はさまざまですので、ぜひ検索してみてください。一般社団法人移住・交流推進機構の「**自治体支援制度検索**」では、移住者向け支援制度が検索できるので役立ちます。

とはいえ、地方への移住はハードルが高いという方もいるかもしれません。その場合は、「**三世代同居・近居支援事業**」をチェックしてみましょう。

三世代同居・近居支援事業とは、親世帯と子育て世帯（親・子・孫の三世代）が同居したり、近くに住んだりする際に補助が受けられるというもの。介護や子育てなどの負担を助け合って軽減することを後押ししてくれる制度です。

住宅取得や増改築にかかる費用を補助したり、給付金を支給したりと、こちらも補助の内容がさまざまあるので、お住まいの地域にある制度を確認してみてください。ただし、年度ごとに予算があり、予算に達した時点でその年度の受付が終了する自治体もあります。

三世代同居・近居支援事業の例

同居…三世代が同じ家屋に住むこと

近居…三世代が同じ自治体内に住むこと
（自治体によっては、住居間の直線距離が指定されている場合もある）

自治体	助成内容
東京都新宿区	近居・同居最大20万円
東京都墨田区	近居・同居 新築50万円、中古30万円
埼玉県深谷市	近居・同居最大10万円
千葉県千葉市	1年目最大50万円 （新築は市内業者で行うと最大100万円） 2年目・3年目は最大15万円
千葉県松戸市	近居50万円・同居75万円 市外からの転入は＋25万円
岐阜県本巣市	近居・同居最大50万円
大阪府豊中市	近居・同居最大25万円
香川県さぬき市	近居・同居 「さぬき市共通商品券」10万円分
広島県坂町	同居最大200万円・近居最大100万円

※2022年5月時点の各ホームページなどの情報に基づき筆者作成

おわりに――タイムバケットで「したいこと」を可視化する

これから60代になる方は、第二の人生が始まります。そんなときに、「お金がなくてやりたいことをできない」はつらすぎます。そうならないように、定年前後の手続きの仕方によって、受け取れるお金が増えることを解説してきました。本書を読んで終わりにするのではなく、ぜひ実践し素敵な人生をお送りください。

人生の終焉に向けて「**お金をいかに使い切って死ぬか**」も考えることが大切だと思います。1000万円の資産があれば、1000万円分の経験を得ることができます。死んだときに資産が残っているということは、そのお金を使って得られたはずの経験・対価を得られなかったと考えることができるわけです。

また、年齢が上がるにつれて得られる経験が少なくなるという問題があります。50〜60代に比べ、70〜80代は健康面での不調が増えて行動の選択肢が制限されます。「**タイムバケット**」というツールを用いて、人生のどこで何をやるのか、「見える化」してみてください。まず**現在をスタート、予想される人生最期の日をゴール**とします。

そして、その間を3年、5年、10年で区切り、その区切り（時間のバケツ＝タイムバケット）に、やりたいことを入れていきます。「世界遺産を巡る旅に出かける」「動画編集を学びＹｏｕＴｕｂｅｒになる」「テニスの地区大会で優勝を目指す」「自分の特技を活かし子どもたちに伝える」など残りの人生で、いつ何をしたいかを明確にします。

時間と健康とお金を軸に考えると、自由な時間を得たからできること、健康であるからこそ楽しめること、お金があるから実現できることがそれぞれ違ってくることでしょう。

本書を執筆するにあたり、編集をご担当いただいた大和書房の三輪謙郎さん、執筆サポートをしてくれた畠山憲一さんには心から感謝いたします。また、いつも私を支えてくれている株式会社Ｍｏｎｅｙ＆Ｙｏｕのメンバー、仕事仲間、家族、友人、知人にもこの場を借りてお礼を申し上げます。

本書が、みなさまのお役に立つことを心より願っています。

２０２２年5月吉日　頼藤太希

頼藤太希（よりふじ・たいき）

株式会社Ｍｏｎｅｙ&Ｙｏｕ代表取締役。マネーコンサルタント。中央大学客員講師。

慶應義塾大学経済学部卒業後、外資系生命保険会社にて資産運用リスク管理業務に従事。２０１５年に株式会社Ｍｏｎｅｙ&Ｙｏｕを創業し、現職へ。マネーコンサルタントとして、資産運用・税金・FinTech・キャッシュレスなどに関する執筆・監修、講演などを通して日本人のマネーリテラシー向上に注力すると同時に、月４００万ＰＶ超の女性向けＷｅｂメディア『Mocha』やYouTube「Money&You TV」を運営している。

主な著書に『そのままやるだけ！お金超入門』（ダイヤモンド社）、『はじめてのNISA&iDeCo』（成美堂出版）など多数。

日本証券アナリスト協会検定会員。ファイナンシャルプランナー（ＡＦＰ）。

Twitter : @yorifujitaiki

本作品は当文庫のための書き下ろしです。

だいわ文庫

会社《かいしゃ》も役所《やくしょ》も銀行《ぎんこう》もまともに教《おし》えてくれない
定年後《ていねんご》ずっと困《こま》らないお金《かね》の話《はなし》

著者　頼藤太希《よりふじたいき》

二〇二二年六月一五日第一刷発行
二〇二三年一〇月一〇日第一三刷発行

発行者　佐藤　靖
発行所　大和《だいわ》書房
東京都文京区関口一―三三―四　〒一一二―〇〇一四
電話　〇三―三二〇三―四五一一

フォーマットデザイン　鈴木成一デザイン室
本文デザイン　菊地達也事務所
本文イラスト　カフェラテ
本文印刷　中央精版印刷
カバー印刷　山一印刷
製本　中央精版印刷

ISBN978-4-479-32017-3
乱丁本・落丁本はお取り替えいたします。
http://www.daiwashobo.co.jp